宝庆路3号

徐霭龄 著

文汇出版社

目 录

代序：我的使命	……001
重门渐开	……001
细说平厅	……013
我的出生	……022
外公	……024
太爷爷	……028
致叔公	……031
妈妈身世之谜	……036
外婆	……042
伯父	……049
强大的基因	……051
祖父母之恋	……054
奶奶与我	……066
叔公之恋	……072
父母之恋	……076
江郎才尽	……084
女皇时代 1	……088
女皇时代 2	……094
女皇时代 3	……101

女皇时代 4	……106
女皇时代 5	……109
女皇时代 6	……115
冬天	……118
简单的幸福	……122
过年	……125
爸爸笑话集	……128
插叙	……133
A 君	……147
A 女	……150
A 君终结者：B 君	……153
高大尚	……155
致爱丽丝	……157
礼物	……160
爱的名义	……163
不惜代价	……167
跨越阴阳	……170
夜里跑步的勇气	……179
那一天	……182
华侨西服厂	……188

鬼迷心窍	……191
爸爸胆子有多大	……195
罪恶之源	……198
爷爷的危机	……213
M 的故事	……216
上领奖台	……220
没有道别的离开	……228
白发爷爷	……232
R 先生	……235
S 大哥	……238
题外话	……244
从贵族到平民	……247
黑暗降临	……250
对话	……256
永远的遗憾	……260
昨日再现	……266
爱戴：给爸爸办画展	……270
后记	……278

宝庆路3号过客的往事钩沉 / 星余

……281

代序：我的使命

宝庆路3号，网上有很多议论、很多猜测。在某些人眼里是个很大的官司；对某些人也许是个充满传奇故事的地方；对另些人则是一个有过美好记忆或者经历过是是非非的土壤；对于我——它是一个生我、养我、磨炼我的家。它不会因为贴了一块某公司的门牌，换了一个房产证名字而变得陌生。它永远是我的。太多描写关于宝庆路3号和我爸爸的文章，有太多虚拟和偏差，还有更多我们家族说不完的传奇故事，让一向低调的我感觉到了使命感，希望从我的故事中能揭开宝庆路3号的神秘面纱，使大家能了解宝庆路3号的人与事。

爸爸离开宝庆路3号后，在一次小手术中发现了恶性肿瘤，他2014年走的时候，很多媒体都发文章报道了他的离世，但几乎没有人知道我还没有在失去爸爸的阴影中走出来时，得知妈妈也得了肺癌，短短两年多时间我成了孤儿。命运一次次的打击让我不得不过早地进入了回忆模式。

朋友有时会觉得我是一个戏剧性很强的人，其实这是因为我从小在那个充满各种传奇故事的地方长大，耳闻目睹了许多该或不该知道的事，电影情节就是我生活的一部分。

爸爸徐元章和宝庆路3号很出名，但是很少有人知道我的存在，那是因为我后来大多数时间在国外，而且每次任何媒体曝光，我能躲多远就躲多远，除了几次爸爸强烈要求才不得不参加。爸爸是一个很单纯的人。流着他的血，我也是一个喜欢简单的人，我和人接触的原则是信任，除非你证明我是错的，但由于很小妈妈去了国外，很早必须独立，我和爸爸的区别是我能很快识别一个人的好坏。但是我真的不喜欢纠缠于是非之中，这是我为什么远离媒体和那时宝庆路3号的常客们。

一直有人劝我写宝庆路3号，因为媒体上的有关宣传只是冰山一角。宝庆路3号不少客人的爱情故事都可以拍成电影，更不用说住在里面的人们。我是工科出身，从小爱动，虽然爷爷是茅盾文学奖荣誉奖得主，但语文一直不是我的强项，其实爸爸才是最适合记录宝庆路3号故事的人选，他才是这段历史的真正见证人，他知道更多细节和往事，但是很可惜上帝没有留给爸爸足够的时间来完成这个使命。我知道如果我再不做些什么，那么这段历史真的将灰飞烟灭，所以不得不涉足了一个我从没想过会涉足，也不是很有自信的写作领域。

在这里不会有华丽的文笔和娴熟的技巧，只是我记忆碎片的积累。这是我再一次回到过去，在字里行间和爸爸妈妈再一次相聚的地方。

许多故事是隔代听闻，还有的是靠着很久以前我小时候的模糊记忆，可能会和事实有点出入，所以我的故事涉及我家人以外的，我都不会用真名，也请任何在宝庆路 3 号有相似经历的朋友不要对号入座，因为相似故事很多。

2022 年 2 月 8 日

重门渐开

1

1991年之前,宝庆路3号的大门一直紧闭着,其实也只有一种情况的发生才能使这个现实改变:那就是母亲的离开。

许多后来认识我爸爸的人一直羡慕他的自由和随意,岂不知1991年前的宝庆路3号完全是女皇统治天下。

一直有人叫我城堡里的小公主,但是我妈妈才是宝庆路3号的女皇——是女皇不是皇后。当时家中三个光头——爸爸、爷爷和我的叔公(爷爷的弟弟),对妈妈宠爱有加,而且个个都是好好先生。妈妈恃宠而骄,久而久之宝庆路3号便成了专制的母系体制,但是身为女孩的我并没得到什么特权,因为在妈妈眼里小孩是最没地位的角色。所以便产生了第一个误区:认为我是家中唯一女孩,集万千宠爱于一身。爷爷和叔公的确很宠爱我,但是他们没有实权,并不能让我为所欲为,这就是为什么我没有人们认为我会有的张扬跋扈或者嗲里嗲气、弱不禁风,相反,我很小就学会察言观色和万事独立。

如果说妈妈在上海时我是挂着公主虚名过着实在二等公民

的日子，那么妈妈走后，便是我从公主锻炼成了灰姑娘的一段路程。

机场送妈妈，三人抱头痛哭，当时不知道好好的家为什么要拆开。妈妈走时是能带上我一起的，但是他们最终决定先把我留在上海，计划是到了美国等排期，我会在两年后拿到签证。如果那时把我带走，我的命运也许会完全不同。

妈妈瞻前顾后的性格，耽误了很多我的发展和她自己今后的生活。计划本来就赶不上变化，更不要说妈妈并不是一个会尽力做些什么去确保计划成功的人。八年，整整八年后，我才等到那张原本两年就可拿到的签证。不知为什么一张申请加速签证的文件，她怎么会不知道？也许是人生地不熟，也许是两年后我的前往对她已不再那么重要？但确定的是，八年后的签证对我已真的不再重要。那时我大学毕业，朋友成群，刚毕业就找到一家当时为数很少的名牌外资公司做业务，收入可观。五年后又进入上海第一家广告行销公司做 AE，当时我的手下现在很多都是大公司的总监。所以每次当父母说去美国是为了我时，我总是心有不甘，觉得完全不是事实。以我现在的理解，我认为爸爸妈妈决定离开的原因是他们当时感觉到了危机。

很长一段时间，爸爸妈妈都不上班，我的叔公每月寄钱回家，当时他每月寄回来的金额是一般工薪阶层大半年的工资。那一段日子是妈妈最开心的时光。我没有说是父母，因为我知道爸爸在后来有过更开心的日子。当然不是说爸爸那时不开

好像原始森林

主楼

心，但还不是最开心。生命诚可贵，爱情价更高，自由是爸爸当时缺少的。

在那个年代，几乎没有任何朋友的条件能与他们相比。除了家人的百依百顺，所有的朋友也是围着妈妈转，这也使得妈妈开始把别人对她好当作了理所当然。爸爸被喻为温柔的小绵羊，但是那种无形的压抑感一直笼罩着爸爸和我。

后来改革开放，妈妈身边闺蜜的老公开始做起了生意，生活水平越来越好，爸爸当时的社交圈被迫局限于妈妈的那些朋友，所以也不可能卖什么画。父母知道那种优越感一天天在消失，取而代之的是危机感。挣钱不是他们的优势，当时出国比登天还难，但是正好有一个出国机会，其实是爸爸说服了妈妈，选择了一个改变我们所有人命运的决定。这个决定最终真正的受益者是爸爸。我不知道，他是否隐约知道他这个决定的结果，还是命运冥冥之中安排了这一切。

从机场回到家，没有了妈妈在时的热闹、喧哗，但是在期待发生的失落感中隐约有了一种莫名的轻松感。我相信爸爸和我有同样的感觉。这种悲伤中的喜悦使我心存愧疚，但我的自由是有代价的，接下去面对的真的不是我那个年纪应该承受的。

2

天才和白痴只有一线之差，我家就出了两个这样的。没有人比我更能体会这句话的真实性。一直没有搞懂的是，出自同一父母，为什么两人性格、习性却是那么大相径庭。

爸爸从小在艺术和音乐鉴赏上有着非凡的天赋，性格中充满感性，右脑使用率100%。我的伯伯则是南京大学高材生，第一批公派到美国深造，物理学博士后。他的毕业论文发表在美国著名的专业杂志上，毕业后在NASA做研究。但他生性木讷，不领风情，智商起码150，但情商却为0。如此不同的天才们却有着一个啼笑皆非的共同点，那就是在家务和对外处事方面绝对白痴。爸爸更胜一筹，他16岁还需保姆帮助洗澡。从小他的手接触的只有画笔和唱片。伯伯虽很早住校，但是生活细节上非常马虎。

爷爷1990年生病离开了我们，叔公和妈妈都去了国外，家中除了我，就是我挚爱的两位白痴天才和我的堂弟。以前虽然在妈妈的阴影中生活，但是她基本包揽了家中大小琐事，当然那时是有保姆帮忙的。想想那时阿姨的工资是每月500元，一周7天，每天24小时，真的也怪辛苦的。

爸爸生活完全不能自理，经常看到他穿着我的粉红色拖鞋接待客人，甚至把我的丝袜当成保暖裤。我专门写了一篇《爸爸笑话集》，因为太多太离谱。

我从一个什么都不用管的女孩，变成了掌握家中财政大权，不断调解家中矛盾的"家庭少女"。我的朋友逛街买衣服，我却在杂货店选拖把。妈妈不在，爸爸开始试探性地伸出他的触角，慢慢打开了那扇紧闭的是非之门。其实没有比"重门"

更确切的用词，它体现了当时进宝庆路3号庭院深深的门槛和那扇门本身的厚实和沉重。

开门初期，虽然爸爸完全可以把妈妈以前开party的朋友们再次聚集起来，但是他没有。或许是妈妈的余威犹存，不过也许是爸爸不想他的行踪被监视汇报，更可能的是妈妈当时那些朋友和他的思想品位不能同步，不管什么原因，爸爸彻底换了一次血，从此跨入宝庆路3号重门的都是新面孔。我的地位也明显提高，爸爸和妈妈不同，他有朋友聚会时总希望我能一起参与，能看出爸爸是为有我这个女儿感到自豪的。但是当时我已长大，有了自己的圈子，和以前妈妈在时一心想加入相反，每次活动爸爸都邀我应酬，而我只是蜻蜓点水，打个招呼而已。慢慢的，我从一开始的不经意，到开始反感那些越来越多的来客。当时倒也不是因为鱼龙混杂，也还没体验到人心叵测，但直接影响我们的是，他们的到来引起了爸爸和伯伯兄弟俩的不和与争吵，也让我进入了无休止的劝和与提出解决方案的状态之中。

宝庆路3号在市中心占地6亩，4幢独立建筑，看似金玉其外，然而富不过三代，太外公买办时代是中国十大富豪之一，却抵不过4个老婆13个子女的挥霍，到了爸爸这代基本只能算是精神贵族了。所以等到我持这个家时，收入没增加，开销反而不断上涨，使得我很小便学会了性价比。虽然幸好没变得婆婆妈妈斤斤计较，但是绝不会铺张浪费，当时我不懂会计，但是早就学会了记账、预算和平衡收支。

在美国已是教授的伯伯回国,没想到同济大学只同意给他讲师级别,他伤心至极断然拒绝,所以他回来后学业基本荒废,无用武之地。他在美国以学业为重,靠在学打工,积蓄有限,所以每项支出我都要和他商量,必须找到他最多能承受的费用和较好质量的物品。爸爸则似乎完全不食人间烟火。

3

有些认识我的朋友问我,在众多宝庆路3号的素材中,为什么不选择一些轰轰烈烈的家族故事作为开始,也许那样会吸引更多眼球。但我的使命不是要炫耀这个家族曾经的辉煌或者渲染"老克勒"的生活方式,我是想让大家了解一个豪门背后的无奈,和一个被称为"最后贵族"平凡的日常挣扎……

言归正传。结婚20年后,爸爸终于尝到了自由的甜头。他接待着他喜欢的人,可以做他喜欢的事,有女客来访,他也不需敬而远之,有意避嫌。慢慢的,家庭聚会、小型舞会如雨后春笋般层出不穷。爸爸忙得不亦乐乎,可是不断增长的除了客厅来来往往的访客,还有家中账单的开支。

爸爸和我,伯伯和我堂弟,每家两口,开支一直是对半开,每人每月把固定金额交给我,我负责支付所有账单、准备家中必备品。家电维修、购买也是我货比三家,最终拍板。

在妈妈刚走的那段时间,磕磕碰碰每天都有,但是基本还能和平相处。随着爸爸交际规模的扩大,矛盾开始激化。开始是因为来访人员的门铃骚扰。当时家中门铃只有一个，每次按铃，铃声在爸爸客厅（平厅）响起的同时也会在伯伯房间响起，晚上9点准时上床的伯伯，经常被夜里十一二点的电铃梦中惊醒。我不得不找来电工分了两路，装了两个电铃，但是哪怕在电铃边注明姓名，还是有心不在焉者看到门铃就两个皆按，弄得本来生活蛮有规律的伯伯变得神经衰弱，还会失眠。

爸爸开放宝庆路3号后，很多人上门拜师。许多男生愿出学费，其实对爸爸的收入会是很稳定的补充，但是当时爸爸提供画画指导的只有那些样貌俊俏、有些姿色的女生。其中有些艺术悟性尚可，但多半也只是借学画来3号白相（玩）或寻方向。

有些文章把爸爸定论"好色"，当然窈窕淑女君子好逑，男人好色本也正常，但是我并不赞同这些肤浅的结论，因为他们不懂艺术家的那份浪漫之心——他们追求的是爱带来的激情和缠绵，或者是追求爱的那种心跳和神怡，那是种精神毒品，是物质所带来的快感不能相提并论的。很多人都尝试过物质快感，艺术家更多不能自拔的是精神快感，爸爸就是一个这样的艺术家。

爸爸对众人的解释是：艺术家需要享受美和灵感，只有女人的美和陪伴才能让他创造出最美的作品。这个解释作为常人很难赞同和理解，甚至很多人对爸爸这样的做法表示不满。虽然我不是搞艺术的，但我从小是被艺术熏陶长大的，我知道艺术家的灵感对他们有多么重要，艺术的创作是他们激情的释放,灵感的枯竭便是他们事业的终结。

事实的确也证实了他的说法。在妈妈走后的几年是爸爸创作的巅峰时期,我最喜欢的那些也是他自己认为最好的作品都是产于那个时期,那时的画是那么放松那么俏皮,色彩鲜艳,画风大胆。细细看着他那时的画,你会看到他那时敞开的心扉,每一笔精彩绝伦的笔触和画龙点睛的处理无不体现了他充满灵感的生活。如果所谓的"好色"能为这个世界创造出如此美妙的艺术,那么也许我们真的该换个角度来分析这个词的褒贬定义。

自从有了学生,爸爸画画水平剧增,我的协调能力也被迫达到了一个新的高度。宝庆路3号里有4幢建筑,中间那幢原是太外公自己住的主人楼,有17间房间。靠马路的佣人楼是当时为家中管家和保姆们提供住宿的。我们住的是太外公为他的孩子们设计居住的孩子楼。爸爸平时接待客人的是太外公专门用来做客厅的楼,由于是平顶设计,我们叫做平厅。

平时的舞会、接待都是在平厅进行的。很少有人进到我们住的那幢房子。当时伯伯和爸爸的纠纷没有太激化,也是由于那些人来人往止于平厅,没有蔓延。但是好景不长,爸爸开始把他宠爱的学生(多半是女生),带到我们的饭桌一起用餐,这一举动打破了平衡。虽然爸爸有时的确会自己买些熟菜补充,但是经常悄悄地让保姆多煎个蛋,或多夹些肉给自己的得意门生。至于爸爸对这些门生得意在哪里,那肯定不光是指画画的灵性,相貌、脾气都是评定的标准。

这样一来开支每天见涨，要付一半开销的伯伯不得不向爸爸索取额外补助，但是爸爸以他平时也经常在外面应酬、不在家中吃饭为由拒绝支付。爸爸的强词夺理，让伯伯觉得秀才遇到兵，看在兄弟之情也就听之任之，毕竟血浓于水，但是后来的电话事件让伯伯意识到自己没多少"血"可以这样消耗，于是一纸诉状告到了我这个空头法官这里。

事情是这样的：那时私人拥有电话是凤毛麟角，有些弄堂口拥有一个传呼电话已是万幸，很多人通常要走很久才能找到一个打电话的地方。

当时由于爷爷在作协的缘故，我们是第一批装上私人电话的家庭。我还记得那时装好电话我万分激动，准备试用，可是拎起电话才意识到没有人可以打。电话是装在我们里面楼里的。随着爸爸交际的拓宽，他需要打电话的次数越来越多。从平厅到家里爸爸有时是骑车到达的，尽管不是那么远，但的确需走些路，且爸爸很不喜欢步行，所以他不惜血本从家中拉了一根几百米的电话线到平厅。伯伯虽然百般不愿意，但是也拿他没办法。

自从爸爸把电话接到了厅里，那里的访客乐不可支，有的开始借用电话谈生意、聊家常，更有人趁舞会热闹无人注意时打电话谈情说爱，更夸张的是居然还有人打起国内、国际长途。我不得不从电话公司了解长途上锁功能，把家中电话的长途锁住了，这样大头开支被止住，但是无法解决市内话费的不断增长。每次拿到账单，伯伯都要抖三抖，要知道当时的电话费相对那时的收入是很高的，而且是属于奢侈消费的部分，对于伯伯这种宅男，也没有很多人联系，他告诉我如果不能制止住这样的开销，他决定把电话拆除，但电话对于爸爸已是不能缺少的了。不知为什么爸爸对平厅的维护或花园的改进很乐意投资，但是对于家中开支，他总是斤斤计较，一毛不拔。我知道这对伯伯的确不公平，所以开始积极思考解决办法。

有一次经过同学家小区门口看到投币电话，我大受启发，在做了很多功课后终于被我买到一台投币电话。我把它安装到了客厅，设置投币金额，从此堵住了这个无底洞，平息了一场风波还能有些收入，当时还真的有些成就感。那时重门已正式开启，平厅也将开始它接待各式人群和目睹无数故事的历程。

细说平厅

1

如果说宝庆路3号是一个人生大剧场,那么这栋太外公亲手设计的客厅建筑——"平厅"就是一个展示的舞台,多少男男女女在那个舞台上演尽了轰轰烈烈、你情我爱,但也不失勾心斗角、尔虞我诈。

太外公周宗良是一个很成功的商人,关于他的具体介绍,百度百科是这样写的:

> 周宗良(1875—1957),字亮,又名忠良、阿良。19世纪末,随着机制纺织业的兴起,颜料成为大宗进口商品。由于其市场需求大、利润丰厚,吸引了不少中国商人逐鹿其间。其中鄞县商人周宗良风云际会,长袖善舞,以其不败的纪录打造起一个庞大的颜料商业王国,使其成为最富有的近代宁波商人之一。商界尊宗良为"中国颜料大王"。
>
> 宗良热衷公益事业,在上海投资100万元建造宗良医

院，还开办了一所伤病医院，救助抗战负伤的军人。宗良还是中国红十字会的创始人之一。

人物生平

1875年：出生于浙江宁波一个牧师之家，其父在当地经营一家油漆店，小有资财。

1905年：来到了上海，因精通英语得到谦信洋行老板轧罗门的赏识，坐上了买办的交椅。

1914年：第一次世界大战爆发，以超低价格收购"谦信"在上海不动产。

战争期间：亚欧之间运输断绝，一跃成为颜料业巨子、沪上富豪。

1927年：周宗良通过同乡李铭结识了宋子文，成为中央银行和改组中国银行的董事、国民党政府公债基金保管委员会的委员。改组杭州电器局，投资兴建镇东机器厂、完泰进出口行、信余汽灯号、如生罐头食品厂、中兴轮船公司、康元制罐厂、公和纺织厂、振丰毛纺织厂，等等。金融、工业、进出口贸易全面发展。

抗战初期：以"世界红十字会中华东南各会联合总办事处总监理"的名义组织救护队，收容、救治伤员6万多人。

1935年：他向宁波临时教养所捐款2000元。

抗战胜利后：失去长达35年的买办生涯，从而落寞。

1948年6月：带着三个年幼的儿子从广州转到香港。

左起,平厅、主楼

平厅外墙砖

平厅内的爸爸画廊

1954年：出资支持同乡陈廷骅创办南丰纱厂。

1957年：在香港病逝。

人物贡献

组织了上海国际救济会。

组织上海市救济委员会，为战争时期的上海难民救济工作，作出了极为重要的贡献。

担任宁波佛教孤儿院、四明孤儿院等多个慈善机构的董事，并多次向学校等社会公益事业捐款。

程乃珊的《上海宝庆路3号情事》中也有详细故事。我最崇拜太外公的不是他经商的能力，而是他那诚实耿直的性情。1930年，他买下了建于1925年的德式建筑，当时只有一栋楼房。上海某些豪华别墅的分楼居住概念，太外公几十年前已掌握得淋漓尽致。他在当时购买的原先建筑上另外加了三栋楼房，构成了平厅（客厅用途）、主人楼、孩子楼、佣人楼分别独立的形式。

虽然在我的记忆中宝庆路3号的一切都是那么破旧和斑驳，但是在平厅150平方米的房中，透过那些裂开的墙面，不平的地板，布满蜘蛛网的角落，还是能感受到太外公对平厅精心和前卫的设计。长方形的外观，不失时尚、洋气的气息，外墙的砖瓦尽显着外公对Art Deco（装饰艺术）风格的倾心。进门尽现眼前的是一个气派不凡的壁炉。虽然自我懂事开始，这个壁炉一直只是一个装饰品而已，但是当时情窦初开的我晚上独坐平厅沙发，面对壁炉臆想着木头在那精美雅致的壁炉中噼啪作响，两个紧靠的身影被那柔和的火光包围的记忆却历历在目。

坐在壁炉边，一眼望去是满眼通透的玻璃，尽收那被参天大树过滤过的柔美阳光。锈迹斑斑的玻璃窗框却是现在很多现代酒吧想要创造的意境。

晚上的平厅更似那婀娜多姿的少妇，浓浓的夜色遮去了她岁月留下的痕迹，柔美的灯光尽显她雍容娴雅的风姿。

小时候的我，喜欢晚上一个人，打开那镶嵌在吊顶中的五彩顶灯，放上喜欢的浪漫小曲，让赤裸的双脚尽情欢快地跳动在那双层的弹簧地板上，好似那少妇牵着我跳完那卡带中最后一个跃动的音符。

舞曲终结，精疲力尽昏昏欲睡的我蜷缩在沙发之中，暮色重围，窗外树木叠影重重，不禁有些战栗，更有的是淡淡的孤独。恍惚中霓虹缓缓亮起，似乎看到了那些衣着长衫的买办及穿戴西服领结的洋行大班，和着美妙旋律，拥着窈窕淑女婆娑起舞……

2

平厅这个建筑设计所采用的是 Art Deco 和包豪斯的混搭风格。她的 Art Deco 部分则又灵活运用了古典、现代及个人风格的各种 Art Deco 流派。她的诞生时期应该是邬达克正从新古典主义到装饰艺术的转换时期（也就是说当年他刚从纽约"朝圣"回来，改变了只会设计传统欧陆风格的小体量建筑）。

当时 Art Deco 风格不仅是被看作金钱地位的象征，更是一种对生活品位、时髦潮流和艺术欣赏的体现。

平厅建筑风格的完美混合组合就是太外公性格的一个反射。他接受了西方教育，穿梭于洋人之中，表面西化，但骨子里充满了中国传统的本质。他穿着中式长衫喝着红酒，说着洋文，练着毛笔字，国文则是他每个孩子的必修科目。我奶奶也就是在跟着我爷爷学国文时与他相知、相爱的。

平厅的外墙是非常时髦别致的现代风格流派的 Art Deco，横竖波浪纹理的面砖凹凸有致，即使放在今天依然时尚。这些中国罕见的面砖是太外公专门从美国进口来的。内部的细节如壁炉、门框和护墙板的设计则为古典风格流派的 Art Deco。

平厅的叫法来源于它长方的形状和远看平顶的架构。平厅边上一直放着一个木梯，小时候我每次心情郁闷或感到孤单时就会爬到楼顶，看着天空数星星。爬过女儿墙后，屋顶上其实并不是平地一块，而是双斜面瓦顶。后来我才了解到，按当时中国建筑的技术及材料限制，制造一个平顶，会遇到防水材料、压力、结构承重等许多难题，但斜坡瓦顶又不是太外公所要的式样，于是设计者便想出了一个绝妙主意，就是把双斜坡顶的四周由一截女儿墙围起来，这样遮住了坡顶，远看就是平顶的效果了。

内部设计在不失气派的同时，又考虑了隐私。平厅内部总面积约为150平方米，分成一个100平方米的共享空间和一个50平方米的私密兼开放空间。这是太外公引用当时在中国鲜为人知的美式敞开—私密式设计，在两个区域当中以两扇巨大落地移门作为隔断，起了既能分割又能打通的作用。

客厅壁炉内部使用进口的传统釉面瓷砖，与外墙装饰应用的现代风格贴面钢砖形成了完美的古典—现代的对比与结合，真的是什么叫屋如其人……

考虑到上海的潮湿，平厅的地板是架空设计，距地面有1米高的透气层。在那架起的木地梁／龙骨上先铺装了一层松木地板，然后在此基础上加装了优质进口细条柚木地板。

平厅自带卫生间，卫生间位于后门边出口，紧邻一个储藏室，与主厅完全隔开，避免了客人进门闻到不适异味。

前卫的是，太外公在几十年前的平厅吊顶嵌线的天花板上已应用了泛（反射）光设计，当时这种设计理念很罕见，直到最近几年才在国内被较多人接受。更奇怪的是几十年前的灯居然当时还能点亮，不得不使人对德国产品的质量心悦诚服。

室外名贵花木比比皆是：香樟、广玉兰、桂花、枇杷……是我小时候的必爬之树。更为稀奇的是太外公居然在平厅边种了一棵并不多见的巨大代代橘树，每到秋天，它的树冠上挂满了个头硕大、颜色鲜艳、香味扑鼻的果子，可是咬上去那个苦那个酸，你一辈子也不会忘记。我想太外公大概就是为了能让那美丽的橙色小灯笼多多点缀他那心爱的平厅，所以选择了代代橘堵住了那些"吃货"们的嘴。平厅窗台下则植满了橘红色点点小果的枸杞和五颜六色的月季花，多少次，我以为找到了那花仙子的"七色花"。

那是我的平厅。那时的她是那么美，那么静，但是高贵的她，却很快要见证那世间的俗，人间的险。

我的出生

一个人小时候的经历必然会在他长大后的性格中留下烙印。我性格和经历中很多令人费解之处，终究起源于我童年的耳闻目睹和身处其中。那么就让时光隧道带我们回到20世纪70年代中末期，那个即将从灰色到彩色的年代。

父母经历了八年的相识相知总算修成正果。许多人问我为何是八年，难道是要确认彼此能过了七年之痒的考验？其实怎么可能？只是开个玩笑而已。

真正的原因是他们认识的时候很小，真正恋爱也没有那么久，后来妈妈又去插了队，聚少离多。最后是由于爸爸家里觉得如果再不把妈妈收为己有，这个天赋异禀、美丽活泼的中德混血女孩很快会被人相中，抢夺而去。

结婚时，妈妈24岁，爸爸25岁。要不是由于妈妈在冬天打了场雪仗后小产了，现在也没我了。我的出生是在他们结婚三年后。家中爸爸、爷爷和叔公都期望有个女孩，我的到来终于圆了他们的梦。妈妈当时说也喜欢女孩，但是凭我后来的分析，其实有个男孩会更适合她。

妈妈一直告诉别人说我婴儿时她很喜欢我的，可惜我当时并没有记忆,从有记忆开始,我总觉得妈妈一直看不到我的优点,在她眼里我总是这个不好,那个不够。我并不是很叛逆的孩子,虽调皮但真的还算乖巧,而且很小就知道什么是为我好。

在我记忆中,我的童年和少女时代好像都是在极力讨好妈妈但一直得不到肯定的日子中度过的。后来与美国一个心理医生聊天时才了解了可能的原因。她告诉我:漂亮的女人,一直是众人焦点,她们习惯了众人捧万人宠,女儿的存在往往挡住了世界关注她们的目光。这也是为什么我的性格中没有大家预想的公主病,因为我的待遇也不比丫环好多少,我不得不变得很独立,开朗爱闹,但是没心没肺的表面遮掩不了我那颗渴望得到爱却无比孤独的心。

爸爸呢,是个彻头彻尾的艺术家,我能感到他还是爱我的,我崇拜他的艺术天赋,但是他那笑话百出的生活细节和那小细胳膊绣花腿,实在不能给我什么安全感。上天大概看我也没什么可保护自己,便使我天生强悍、力大无比。我5岁就能抱起八九十斤的爸爸,当时那还变成了一个娱乐他们朋友的饭后节目。

我渴望母亲给予的温柔,得到的却是无尽的指责和不满。我希冀父亲赐给的指引,但爸爸能给我的是同伴间的亲密。这固然不错,但对于小孩来说,爸爸应该是那盏在十字路口的明灯和那个给你扛任何困难的肩膀。

外公

世界就是这么不公平，许多人热爱文学，文笔华丽，具有一切写书的优势，可惜缺乏故事素材。当我说我们家除了我以外，每个人的经历都可写一本小说，个个都很优秀，其实并没有夸张。可惜这些故事落在了我这个生性好动、缺乏耐心的理工女手里，我又不舍得让这些故事就此消失，所以只能尽微薄之力，让大家有所了解。

我的外公是黄东昇。

1930年，浙江省选拔了浙江警官学校10名优秀学生赴奥地利学习警察司法业务，外公就是其中一个。

浙江警官学校是朱家骅先生（1893—1963）创办的。朱家骅是国民党早期大佬，曾留德学习，时任浙江民政厅长兼警官学校校长。派留学生到西方学习，就是为了改进国内警务工作。

外公留学回来后，出了《德国警察实录》等三本书，曾任上海黄浦区警察分局局长。1949年，他放弃了携全家去台湾的计划，留在了大陆。1954年被送到黑龙江，受了22年的劳改之苦。留下我的外婆和妈妈（外婆其实不是妈妈的生母，只是养母），还好我外婆是一个非常能干、十分坚强的女性，她大

1992年，外公

1930年，浙江警官学校10名优秀生赴奥地利学习，外公（二排右一）

学毕业，在她那个年代非常罕见。她的许多决定使得妈妈免去了很多苦难。

在外公他们一同留学的10个优秀学生中，4人留在大陆。其中，马瑞文担任杭州警察局副督察长，起义后，被安排任杭州市人民警察学校主任教官、市公安局交通大队参谋；华岐昌担任南京警察局总督察长，1951年左右被枪毙；杜承荣曾任浙江省警察训练所教育长，被下放农村，1951年被宣判管制两年，直到1979年才摘掉"历史反革命"的帽子，他有个奥地利妻子。

外公在和我妈妈的养母（我心目中真正的外婆）结婚前有过一段婚史，还有一个女儿。1976年外公获得平反后，去香港找他和前妻的女儿，但是由于性格不合，几年后他又投靠在诸暨的侄子。外公在妈妈8岁时进农场改造，妈妈对外公基本没什么记忆，更别说什么感情。在我小时候我们会去诸暨看望外公，由于我太小没有很多交流，只记得外公那一口诸暨口音和那明显的大小眼睛，还有就是他那出奇棒的体质。虽然那道道皱纹和那佝偻的脊背无不控诉着命运的不公，但是22年的磨难没有压垮这个内心强大的铁汉子。当时八十几岁的外公每天还能爬几小时的山。他90岁进了杭州一家疗养院，头脑还异常清晰，要不是由于那家养老院在40℃的天气停电，95岁的外公活到100岁应该没有问题的。

我很遗憾没有机会早些了解外公，他一定有过很多故事，也许今夜他会回到我梦中，给我讲述他那不平凡的一生。

太爷爷

我的家人一个个地离开了我。妈妈走后,我的很多时间会在回忆中度过,有时想到的是和父母的天伦之乐,有时又会想起与爸爸的父女情深,也会想到叔公对我的情深意切。最近爷爷一直在我的思绪中不断出现。

儿时有一阶段,爸爸一直逼着我看世界名著。每次看到爸爸拿到我房间的那些竖版繁写的大本书籍,我深恶痛绝,恨不得都拿去烧了,但是为了交差,也不得不硬着头皮清理一下积着的灰尘,一页页地啃下去。有些书直接被我当了安眠药,如有睡不着,拿起那些书必定五分钟内催眠见效。有些书则是鸡肋,勉勉强强花几个月还是能消灭一本。但是偶尔也有几本让我爱不释手,《红与黑》就是其中一本。

十几岁的我有着懵懵懂懂的感情,天马行空的想象,加上这些书籍的感染,我突发奇想地和爷爷说我要写小说。爷爷露出欣慰的笑容,从抽屉里拿出一沓稿纸和一支他用了很久的笔,拍拍我的头说:"你的想象有多大,这世界就有多大。"那天起我开始写起了我的小说,每天晚上只要有时间我都会写上一段,最开心的事就是拿着刚出炉的稿到爷爷床边念给他听。

那时爷爷身体已不适，但是他没有一次推脱不听，而且很认真地听完帮我分析。也许是爷爷想鼓励我，在我的记忆中总是他满满的表扬。有时他告诉我在我的文章中能看出《红与黑》的笔法，有时他说我在不知不觉中已运用了许多他都没教我的文学技巧，更多时候他夸奖我编故事的能力。其实现在想想，那时的文字一定非常幼稚，但是在爷爷的鼓励下我写了上万字。可惜的是爷爷不久病重离开了我，几次试着继续，但是再也没有了灵感和动力。后来宝庆路3号易主，我房间所有的东西都遗失了，包括我留下的手稿。那个双胞胎的故事也被深深地埋在了宝庆路的废墟里。

在那段写作的日子里，我和爷爷几乎每天促膝交谈，天南海北。记得有一次我问爷爷："爷爷，都说你是穷书生找了富家小姐，这种说法你是否听了很不舒服？"爷爷看着我说："等你大了就知道，有些事只要自己明白就好，清者自清，浊者自浊，不必向别人证明些什么。别人怎么说我不要紧，不过你需要知道，我的爸爸你的太爷爷在你太外公还是一个洋行跑腿伙计时就已是一个非常成功的爱国商人，他是闸北电厂创办人之一，开过银行，有过大片房产、医院、工厂。他的家曾经借给上海大学。他非常爱国，所以把所有投资放在了闸北，为闸北做了很多贡献，当时政府还提出要以他的名字命名一条马路，被低调的他婉言拒绝了。所以记住，我们徐家的出身不比周家差，只是你太爷爷太爱国，一心要把闸北搞好，为国人造福，最终财产被日本人炸为乌有。你应该为有这样的太爷爷而感到自豪。"

促使我写这篇文章的是我们徐家的一个小叔叔,他也是一个传奇人物,为中国的救援事业做了许多无偿的工作。任何地方有难,他都是志愿者,我非常佩服。他知道我在写我家的故事,就微信我说:"你知道每个人都在说我们徐家是穷书生,其实完全不是那么回事,你有责任澄清事实。"他的一番话,加上我想起当时和爷爷的对话,使我开始做了一下搜索,在网上查找到了关于太爷爷徐春荣的一些介绍,不是很全面,但足以为我祖父的出身平反了,这也完成了我不让历史被歪曲的使命。

徐春荣

闸北地方自治研究会会长,中华国货维持会副议长,闸北市民代表大会执行委员会委员,曾是大丰洋行货号店主,有过阜丰、鼎丰、通余、通元等七家钱庄,闸北青岛路继成里(百余幢)业主,青岛路清云桥占地二十余亩建造了另外三百余幢房屋。

1922年《申报》以"闸北添筑大批房屋"为题进行了报道。其中有言:闸北青岛路本有继成里,亦有百余幢,业主为徐春荣,近徐又在青岛路清云桥相近,建筑一极大之里,占地约二十余亩,所造房屋,共有三百余幢,已于本月初动工,约至来春,可以竣工。按本埠最大之里,宝山路有鸿兴坊,新闸路有新康里,哈同路有民厚里,法大马路有首安里,均有数百余幢。此里一成,其范围当不下于上述四里也。

致叔公

在我的记忆中有两个家,一个是大得我都记不得所有成员的有钱周家(奶奶系),一个是非常熟悉能让我感受温暖的书香徐家(爷爷系)。徐家有很多家人都非常和气、善良。要不是耳濡目染、亲身经历其中两位徐家家人的无私奉献,对于看惯了周家那些所谓亲戚对我们的冷淡刁难和他们互相之间笑里藏刀的我,也许早就对所谓亲情失去信心,更不会认为这世界居然还存在自始至终、不需回报、自我牺牲的爱。我的叔公(爷爷的弟弟)就是其中一个。

叔公很早去了美国,虽然那时我还很小,但是我到现在也忘不了他那慈善的面目和对我那深深的却默默的爱。以下是我一直想对他说,但最终没有机会说的话。

亲爱的叔公:

您是那么优秀,英俊的长相、震旦大学的文凭、精通英法两国语言,但是在您嫂子走后,为了照顾哥哥一家,您放弃了待遇优厚的工作机会,义不容辞地做起了"家庭妇男"。要不是您,爷爷这个不懂半点家务的男人怎么带大两个男孩。您浪费了您的学业、事业，为的是撑起一个失去主心骨的家，给两个失去母爱的孩子一份安全感。

亲爱的叔公：

谢谢您带大伯伯和爸爸后又开始接手我和堂弟。在我的记忆中您一直在忙碌，我问您为什么不休息，您总是笑着告诉我说您属马，天生劳碌命。

谢谢您让我懂得什么是无私的爱。记得喜爱甜点的我一次次吵着要您带我和堂弟去牛奶棚吃攒奶油。您笑着看着我们大口吃（那种笑是打心底的开心，因为看到我们开心），而自己喝着白开水，还说自己不喜欢吃奶油（后来我知道您非常喜欢甜点），其实您当时只是不想增加家中负担。

亲爱的叔公：

要不是您竭力撮合爸爸和妈妈，还不厌其烦一次次帮着爸爸接送妈妈，也许他们就没有这段姻缘。

要不是您冒着生命危险冲出马路拉住不懂事的我，也许我已消失于人间。

要不是您慷慨救助，那些困苦保姆也许过不了那些灾年。

亲爱的叔公：

我心疼您在本该退休享福年纪，为了提高家中生活条件去了美国。

前排左起：叔公、我、爷爷；二排左起：妈妈、爸爸、伯父、伯母

叔公劳累一辈子，晚年还在美国帮助经营着一家老人院

我心疼您到了美国又开始不分昼夜辛苦工作,为了能给家中多寄补贴。

我心疼您这辈子都在为别人付出,自己没有享福。

亲爱的叔公:

我遗憾没懂事早些,我会一口口喂您那鲜美的掼奶油。

我后悔没有能早点到美国让您享受天伦之乐。

我绝望没有在您临终时送您。

望在天堂的您,知道我有多爱您。

妈妈身世之谜

我的（中国）外婆从长相到身材无不明显地体现着中华民族的DNA，所以很少人把妈妈的美貌联系到她二分之一的德国血统。但为什么一对中国父母会有一个长似老外的女儿？许多人产生过疑惑，可是但凡知道外婆对妈妈尽心尽力的培养和无私的关爱，没有人会怀疑她们的母女关系。

事实是，妈妈和外婆没有任何血缘关系。但为什么妈妈会出现在这个家庭？为什么外婆还对她那么好、那么尽心？故事是这样的。

外婆是一位非常出色的女性，她受过高等教育，精明能干。她结束了一场没有感情的婚姻后嫁给了我外公，外公当时也有过一次婚姻。两人在之前的婚姻里都有孩子，但他们结婚后却没能有一儿半女，这对外婆来说一直是个遗憾。

外公也是非常优秀的男人，但是这并不代表他过得了美人关。欧美美女对于受了西方教育、去过奥地利留学的外公一直有很大吸引力。他在偶然一次机会认识了一个活泼、美丽、热情的德国女孩，奔放的她没有掩饰对外公的好感，虽然我那看似正经的外公家有仙妻，但是最终没能抵制他多年的幻想，跨

外婆精心培养非亲生的女儿

我崇拜我的中国外婆

淘气的母亲经常逃课和白俄小孩玩耍

海上小白宫,2003 年,28×39cm

也表示愿意教我,不知为何,我的父母连让我试一试的机会都没有给我。其实回头看,我的很多机会不是由于年少时缺乏父母的指点而错失,就是由于要顾及他们选择的道路而改变。怨恨多少有些,但毕竟是自己父母,爱就需要包容。

外婆

外婆是家族中另一个我很崇拜的人物。她面对和处理妈妈身世时，我们已了解了一个知书达礼、心胸开阔、爱心满满的她，但是外公被送农场劳改后，她处变不惊、精明能干的一面又尽显无遗。

外婆的出身我没有很多了解，但肯定是有一定经济基础的开明人家，当时一般家庭即使能负担得起孩子高等教育的，也不会送女儿上大学。女子大学毕业的她，曾经开过女子公寓，这锻炼了她的经商技能和为人之道。

妈妈有外婆这样一个养母真是她的福气。当时外公身处劳改，外婆自己被赶出家门、没收房产，且没有任何收入，还带着一个孩子，换上一般的妇人陷此绝境，一定惊慌失措，不知所为，即使有些能找到办法，也可能只是勉强维持生计，过着饔飧不继的生活。

这世界有三种人：make it happen（使它产生），watch it happen（看着它产生），和 wonder what happened（疑惑发生了什么）。外婆就是第一种，再困难她也不会坐以待毙。她变卖了自己的嫁妆，先把自己和妈妈安顿下来。接着开始和政府打官司，以她百折不挠的性格，处事为人的老练，市中心的洋房居然被收了回来。但是外婆很清楚，假如就这样住进老宅并不能解决她们今后的生计，由于洋房处于黄金地段，外婆决定出租，她租给了一个箱子厂做办公室，每月可以收200元租金。当时一般人月工资只有30元，其实靠租金，她已可以说是富婆了，但这对于外婆还是不够。她用她剩下的家当，在当时较偏僻的地区买了块地，造了两间房，一间她们自己住，另一间借给一对夫妇。这两份收入使她和妈妈过上了非常富足的生活，这也是为什么外婆有这个经济能力继续培养妈妈的原因。

这只是外婆一生中逆转乾坤、绝处逢生的一个例子，她这次是救了她自己和妈妈，第二次则是扭转了妈妈的命运。

她们过了一段舒适的日子。但是好景不长，上山下乡的号角响起，妈妈开始被动员去内蒙古插队。妈妈一直以独生子女要照顾老人的借口推脱，最后她已成为最后走的一批强硬分子，压力越来越大，遭受几次抄家后，她们的房子再次被没收，两人被赶进了汽车间。那时与其说是动员，不如说是逼迫，晚上不断有人来"动员"，不让外婆和妈妈睡觉，白天也有人来监视她们的每个动作，外婆和妈妈除了面壁，什么都不能做。不过妈妈告诉我，她有时会遇到一两个好阿姨，她们会破例让妈妈去对面买一些毛线，她可以白天以编织毛衣来消磨时间（当然这些手艺都是外婆教的，外婆不光是女强人，她针线、编织样样精通。可惜我和她只有五年缘分）。这样逼迫的状态维持了整整一个月，外婆知道不去已不可能，最终她以自己要和女儿一起去插队为由，要求安排近一点的插队点，于是妈妈被安排到安徽的大庙公社去种田。外婆对这样的安排很是担心，不知道这个自己精心培育的掌上明珠怎么能承受这样粗重的农活，她又自责不能改变这种劣势。她只能先顺大势，但她绝不是听之任之，她在观察，像猎人等待她的猎物，她并不知道会有什么，但是她时刻准备着，准备着捕捉那能改变她们命运的机会……

外婆为了保护妈妈，不顾年老体弱，跟着妈妈和另一批被动员的知青上了上山下乡的火车，方向：大庙人民公社。

一个母亲，竭尽所能把自己的掌上明珠培养成文武兼备的小公主，眼看着她那双弹琴画画的手就要浸泡在泥水中，所学才艺将无用武之地，全部被荒废，可以想象外婆的心情一定是近乎绝望。妈妈反而不怎么焦虑，也许是太年轻，还不是很清楚等待她的是什么。

火车像背着使命般地往前赶，外婆却希望能放慢或终止那快速转动的铁轮，这也许是她们面临风波前的最后一点宁静，她需要时间再想想能为女儿做些什么。

不知过了多久，她们被告知到了中转站：临淮镇。她们需要在这里过一夜，第二天再乘六七小时的长途汽车到达目的地。当时外婆怎么也没想到这个下乡中转站，却成了妈妈命运的中转站。

临淮镇的村民非常好客，看到那么多城里知青来到他们

天生的好嗓子,妈妈是文艺小分队台柱

古装打扮的妈妈在安徽大受欢迎

妈妈也扮演阿庆嫂

镇，镇长请大家吃了饭。吃完饭，镇长请来他们镇上的文艺骨干，为知青开了欢迎会。外婆在旁边静静地坐着，观看台上的演员，观察台下的领导。她开始意识到这可能是个机遇，怎么抓住，她还不知道。她继续看着那欢迎会，接近尾声了也没一个演员的表演能胜过她的女儿，那时她已知道要怎么做了。

欢迎会到了最后，外婆冲到她已观察很久的领导那里，她看得出那个领导喜欢文艺，似乎也懂些艺术。她对领导说很感谢镇里的欢迎会，作为回报，她的女儿将会代表知青们为临淮镇的居民献唱。这样的要求当然不会被拒绝。

妈妈被莫名其妙地推到了台上，还好平时一直有表演经验的她没有怯场，放开嗓子唱了一首《北风吹》。要知道妈妈凭着她的嗓子曾获得一个著名专业合唱团录取的第一个名额，要不是两个月后"文化大革命"开始，妈妈很可能成为出名的演唱家。

她这嗓子加上那时很少有的混血美貌，令镇上所有男女老少为之倾倒，掌声不断。当然外婆最关心的是那个领导的反应，她看到领导不断点头，不断拍手，便知道她解救妈妈的方法已成功了一半。接下去她便向领导介绍妈妈的情况，那个惜才的领导得知妈妈受过那么多艺术培养，但将被送至大庙公社插秧，马上拍板决定留下妈妈作为他们样板戏剧组一员，第二天一个电话打到大庙公社，从此开启了妈妈作为洋"阿庆嫂"的历程。

知青们得知妈妈被留在镇上后纷纷表示不公平，但是当领导说谁有本事谁也可以留下时,他们不得不自叹不如。第二天,外婆和妈妈送走了其余知青,外婆宽慰地看着妈妈,大大咧咧的妈妈根本不知道外婆花了多大心思又拯救了她一次。

伯父

说到我的伯父，我不得不为他感到不平和遗憾。他和我爸爸截然相反，从小就是学霸，1968年南京大学毕业，遇上"文革"被派到安徽中学教书，其间被安徽地震局选中，脱产做地震研究。毕业十年后"文革"结束，他没有放弃自己的梦想，再次以优秀成绩考上中国科学院研究生。一年后，经导师介绍尝试报考美国高等院校。中国在封闭如此之久之后，考美国高等院校不是很容易的事，当时连伯父本人也没多大信心，但是他不但一次考取，而且考出的成绩能被所有名牌大学录取。但对于当时中国人的收入，美国的学费简直是天文数字，他不得不将就选了一所不是数一数二但也是美国排名100之内的弗吉尼亚州的欧道明大学（Old Dominion University），原因是他们提供了全额奖学金。他其实完全是自费留学，但当时唯一能被批准出国的方式就是以公派的名义。就这样，他踏上了赴美留学的征途。

读博士期间，伯伯成为弗吉尼亚科学院院士，他的论文在《物理评论》（*Physical Review*，一本创办于1893年，由美国物理学会出版发行，专门刊登物理学各方面的最新研究成果以及科学评论等文章的学术性杂志）上刊登。当时他已在他研究的量子物理领域初露锋芒。

在攻读博士以及博士后两年后，伯父被美国国家航空航天局（NASA）选中，在那里研究量子物理。

1986年，由于公派身份，伯父不得不返回国内。不知为何，这样一个杰出人才，在国内找工作居然四处碰壁，后来经爷爷介绍到某名牌大学，但是大学为这个在美国已是教授的人才配了一个讲师的名分。对于伯父这是一种无比羞辱，他毅然拒绝了。这个官僚的制度从此断送了一个天才的一生，也杜绝了这个人才为社会作贡献的机会。

伯父1974年结婚，由于一直在安徽工作，和妻子聚少离多，到1977年才有了我的堂弟。有了堂弟没多久，他为妻子在安徽安排了工作，两人一起去安徽。当时堂弟刚满月，就由我母亲照顾，等断奶后基本都是我的叔公带着，后来堂弟被送到三阿婆（爷爷的妹妹）家中抚养。我这个三阿婆是同济大学老师，心地善良，像叔公一样救济了很多需要帮助的人，可惜一辈子没有结婚，收养了她妹妹的一个小时候因发烧导致有点智障的孩子为女儿。后来又接手了我的堂弟。她一直以能帮助人为乐，所以到了晚年一直有受她恩惠的学生、亲戚来孝顺她，这真是好人有好报。

强大的基因

也许是小时候看多了周家亲戚之间的冷漠和争斗,使我对整个周家产生了偏见,也使我失去了深入了解他们的欲望。其实父亲也和我提过一些为人和善的周家亲戚,现在想想偏激的我可能真的是以偏概全了,毕竟周家那么多亲戚遍布全世界,我都没有深入了解的机会,也许这是以后该做的功课,毕竟都是一家人。

与此相反的是徐家的家人。徐家出了很多才子佳人,但更令人钦佩的是他们为人耿直、待人如己、非常乐意付出且不计回报的共性。我一直在想,是什么让徐家如此人才辈出。

徐春荣(太爷爷):著名实业家,爱国人士,积极参与闸北的建设,闸北地方自治研究会会长,曾创办闸北水电公司,办过钱庄,曾拥有青岛路百余栋出租屋。

徐兴业(爷爷):茅盾文学奖得主。因为爱国,拒绝出国与爱妻相聚,但是用余生守护着这份感情。

徐兴木(爷爷的弟弟):震旦大学毕业,精通英法两种语言,痛失挚爱,一生未娶,甘为哥哥一家竭尽全力。

徐芷芬(爷爷的妹妹):大学俄语系毕业,20世纪50年代在同济大学教俄语,曾翻译过狄更斯的小说,一生未嫁但救济了很多孤儿,收养了一个因高烧导致智障的外甥女并视如己出。

徐元章(爸爸):著名画家,他的作品曾在 APEC 会议中展出,他的画被上海选中制成明信片,作为指定礼品送给各国首脑。开朗幽默、善解人意的他至今被他的朋友们深深怀念。

徐元健(伯父):南京大学毕业,后考上中国科学院研究生,到美国深造物理博士,他的论文在《物理评论》上刊登,博士毕业后再继续两年博士后的研究,后被美国国家航空航天局(NASA)选中,在那里研究量子物理。为人厚道老实。

这些只是我所知道的徐家人。后来我的堂伯(爸爸的堂兄)徐黄石先生又告诉我,我们徐家出了很多教师和医生。堂伯说可能是强大的 DNA 造成的吧。当他告诉我我们徐家的祖先是谁的时候,我差点没激动得从凳子上滑下来。

现在我慢慢能感受到中国文化的奥妙。小时候受爸爸影响,我只喜欢西方文化,绘画喜欢油画和水彩,乐器也感觉西洋的更悦耳,听到二胡、唢呐,总是避之不及。看惯西洋画的色彩斑斓,国画的黑白对我来说特别单调。

有一天突然看到一幅国画,看了一眼就不能忘怀了。那是一幅墨葡萄,没有见过如此潇洒之作,看似不经意的黑白灰居然能把一株普通的葡萄藤呈现得如此灵动,如此美艳,再多的色彩在它面前也显无力,那是第一幅让我折服的国画,不知为什么我对它有着不同寻常的喜爱和感情,同时也开始了解和崇拜这个不可思议的作者——徐文长。

当堂伯告诉我，徐文长是我们的老祖宗时，我完全不敢相信自己的耳朵。当一个郑板桥甘当门下走狗、齐白石恨不生三百年前为君磨墨理纸的才子居然是自己祖先时，那种自豪感真的势不可挡。

狂喜之余，我还是不忘再次确认。我问堂伯，有什么可以证实我们是徐文长的后人呢？他告诉我，他小时候曾嘲笑过徐文长，被长辈痛骂一番，告诉他徐文长是我们的祖先，一定要尊重。堂伯告诉我，我们徐家在绍兴的墓地和徐文长的墓地在一起。堂伯小时候还见过有着祖上画像的家谱，里面有徐文长的画像，还有很多清朝当大官的先辈们。

后来我又问了其他徐家的亲戚，虽然他们并不知道具体的名字，但是他们告诉我，家里的长辈曾告诉他们，我们的祖先是一个精神有病的名人（徐文长在晚年的确精神出了问题，但是天才和精神病人本来就一线之差）。我听了不禁觉得不平而好笑，如此出众的祖先，怎么后人不宣扬他的才华，只记住了他的缺陷呢？不过这一点也从侧面证实了我们是他后人的事实。

这个强大的基因，也许解释了为什么徐家人才辈出和部分人没有逃过精神疾病折磨的原因了吧。

祖父母之恋

我们家有很多可以拍成电影的爱情故事,祖父母之恋是我要讲的第一个爱情故事。关于他们的故事网上报道已有很多,那我就在这里重复或补充一些事实,给那些没有看过有关文章的朋友们有个大概的了解,或纠正一下外面文章的偏差。

我先介绍一下这个故事的几个主人公。

我的太外公周宗良白手起家,靠诚信、智慧和胆魄成为当时中国十大富豪之一。他有四房太太,七女六子。

我的祖母周韵琴(又名周淑芬):周家四小姐,也可能是周家长得最美的女儿。

我的祖父徐兴业:文学才子,当时为高校教师,后来以历史小说《金瓯缺》获得第三届茅盾文学奖荣誉奖。

"性情富家女爱上才华穷教师,严父欲棒打鸳鸯,爱情终究天长地久。"

要不是大家知道我的文章基于事实,他们的故事好像是我抄袭了中国近代言情小说的某些章节。当然他们的故事更复杂一些,也有很多并没有落入俗套的细节。

其实爷爷这个"穷书生"出身也是大户人家。要不是太爷爷一心专注于民族产业，拒绝把生意转到租界，最后所有资产被日本人轰炸化为乌有，爷爷和奶奶应该也算门当户对。

太爷爷徐春荣，是一个对闸北民族产业情有独钟的实业家，闸北水电公司的创始人。由于他的贡献，许多人曾提出把现在的青云路命名为春荣路。他有六房太太，居然比太外公还多两房。太爷爷膝下三子五女，爷爷排行老二。

言归正传。太外公虽然一口洋文，一直周旋于洋人当中，但骨子里却非常传统，他住在时尚洋派的 Art Deco 风格洋房中，穿着长衫马褂，喝着他的龙井，写着书法。每个到宝庆路来的老外也不得不对他行中式礼。

作为德国公司买办，太外公在德国人面前却完全没有阿谀奉承、唯唯诺诺，更不可思议的是德国公使到太外公府中拜年，他居然心安理得地坐在太师椅上让公使夫妇对他行了磕头跪拜大礼。也许正是他的这股傲气，使德国人对他更是敬佩。

我的祖母从小接受西式教育，精通英、法两种语言，钢琴、绘画、交谊舞样样拿得出手，但是国文及历史却一直达不到太外公的期望，而国学对太外公又非常重要，他决定为女儿安排私教。

也许是命运安排，或许是太外公看好了这个在今后创作出一部伟作的年轻人的文学功底，爷爷被安排给了我奶奶作为家庭教师。

太外公后来一定为这个决定后悔了很久，因为这个安排使他几乎失去了他的宝贝女儿。

奶奶集美貌、才能、财富于一身，追求她的人不计其数，当时太外公心里早就有自己打算。他已成功为大女儿和二女儿选择了他满意的夫婿。对于这个四千金，他不曾担心过，因为追求她的人中不乏门当户对、有能力有才华的候选人。他本想把女儿国学这一缺陷补好后即可将婚事提上日程，可是这次命运给太外公一个狠狠的教训，这个觉得能掌控一切的人终于明白自己不是神。

我们家的女人都有很强烈的个性，或者说有些男人气概。可能是奶奶厌倦了周围追求者的甜言蜜语和小心翼翼，当她遇到才华横溢又非常羞涩的爷爷，给了她一种从没有过的新鲜感，她从一开始的崇拜变成了喜欢，她开始暗送秋波。

就我对爷爷后来的了解，我觉得他并不很浪漫。奶奶当时也不是不喜欢浪漫的人，而是爷爷的木讷、不领风情，也许激起了奶奶的征服欲望，但是她却低估了浪漫对于一个女人的重要性，这给他们以后的婚姻生活留下了隐患。

虽然爷爷研究的是比较乏味的历史，但毕竟也算是文艺青年，与其说他对奶奶的表示全然不知，不如说他是不敢相信眼前这个几乎完美的富家小姐居然会喜欢上他这样一个相貌平平、家境败落的穷教书的。当然他更不会奢望这样的感情会有什么结果，每次相见都好比进入梦境，他只想尽情享受和奶奶在一起的每一分钟，因为他担心下一分钟他会被拉回现实……

在爷爷的耐心教导下，奶奶慢慢了解了国学的深奥及细

左起,父亲和伯父

奶奶的结婚照陪伴了爷爷一生

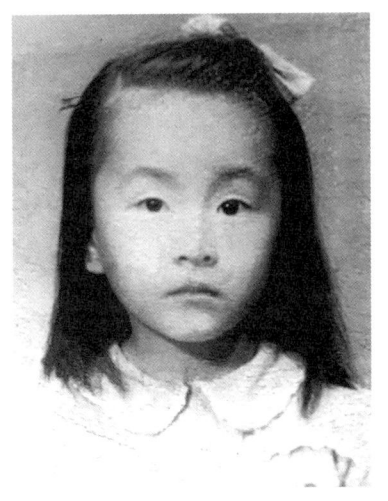

乖巧懂事、不幸夭折的小睡莲

腻。她对爷爷的感情就像对国学的了解一样,从一开始的懵懵懂懂、似懂非懂到了如痴如醉、爱不释手的程度。

她崇拜这个看似貌不惊人的年轻才子,当她看到爷爷面对天空手舞足蹈、兴奋地描述着他正在构思的小说时,她想要的已不仅仅是和这个男人每周一次的灵与魂的交流,她想要的是成为那本书的一部分,她想象自己变成了缪斯环绕在爷爷身边,她想看到自己的影子在这个自己崇拜的男人的小说中忽隐忽现,她已不可救药地爱上了爷爷。

爷爷呢,怎么也没想到这个完全西化的富家小姐居然对国学那么有灵性,什么都是一点就通,他们的观点竟可以如此接近。在做家教的后阶段,与其说是他在教书,不如说他在和一个知音交流。他们的话题已不局限于国学,他们讲述着自己的梦想、抱负和对对方的感情。

现在许多年轻人,交往不久,或根本不需交往就直接进入主题,他们很难理解和感受老一代日久生情、细水长流般的恋爱方式。但是,正是这种慢工出细活的感情,却使得每一次眼神的交流、每一次不经意间小指的触碰都那么令人心旷神怡,欲罢不能。

随着时间的推移,爷爷已完成了他被交付的任务,太外公对自己女儿的进步感到非常满意,他觉得是时候把这个经过细心雕琢的女儿许配给自己精心挑选的名门公子了。

爷爷紧握着奶奶那双冰凉的小手,把它们放在自己的胸口上,他不知道是否这次就是他们最后一次见面,但是他要让奶奶感受他那颗已要跳出胸膛的火热心脏。他言不由衷地告诉她，如果他们不能在一起，他不会怪她，他能够理解。他在等待的也正是奶奶当时的反应：奶奶眼中露出了坚毅的神情，用了不可能再坚决的口气对着爷爷说："我非你莫嫁。"一瞬间，这个身材如此娇小，看似能被风吹倒的奶奶在爷爷眼中变成了巨人。他看到这个小鸟依人的女孩的内心居然如此强大，如此充满激情，他被她彻底征服了。他激动地说："如果你嫁给我，我要一辈子爱你。"他们都实现了自己的承诺，奶奶历经千难万险地嫁给了爷爷，爷爷也真的爱了她一辈子。奶奶离开三十年，爷爷一直未再娶。

奶奶终于和太外公说自己爱上了爷爷，并要嫁给他。太外公其实并没有像外面所传说的那样暴跳如雷，软硬兼施，也许是太外公太了解这个性格刚硬的女儿，这个时候再反对也是枉然，也或许是太失望，觉得要让女儿吃些苦，才知道自己的错误，他对奶奶说："我并不赞同你的选择，但是既然你已决定，我改变不了，那么从此你的生活就应该由你的丈夫负责，你就搬出去和他一起住吧。"奶奶二话没说，拿了些随身衣物，和爷爷住进了现在上海图书馆附近的一个居民小区。

在没有父亲祝福和出席的婚礼上，爷爷奶奶踏上了婚姻之路。每个童话故事都是以 happily ever after（永远幸福）结束，但是现实到底有多少是 happily ever after 的呢？

有钱人家出来的孩子不缺玩世不恭、不学无术的纨绔子弟，但是想法简单、过于天真、纯理想主义的孩子也为数不少。由于他们从小受到庇护，不太接触世间丑陋，也不需要为生活琐事烦恼，哪怕略有听说，但没有亲身经历，根本不可能真正体会普通人生活的艰辛和不易。奶奶就是其中之一。

冲破重重阻碍，奶奶终于得到她认为的世间最重要之物——爱情。她如愿以偿地和她心爱的人过上了幸福的日子。

为了不让奶奶感到太大落差，爷爷尽其所能在上海图书馆边上的上海普通中上人家居住的中南新村租下了一个层面，为他们筑了一个小巢，虽然不是富丽堂皇，但是充满书香之气。对于奶奶来说，能和爷爷在一起，哪怕是阁楼，她也不会皱一下眉头。

太外公没有参加他们的婚礼，但还是托人给了女儿一些嫁妆。靠着激情和嫁妆，爷爷和奶奶过了一段美好生活。也就是在那时，他们一同构思了一本在40年后获得茅盾文学奖荣誉奖的历史小说巨作。

可是好景不长，嫁妆终究用完了。奶奶开始意识到这世上除了爱情，也还有其他重要的东西，如柴米油盐、衣食住行，以及一个她以前不屑一顾，不是万能，但是没有却万万不能的东西——钱。对于一个咬着金勺出生的孩子，金勺只是她的一部分，她不会觉得重要，因为一切来之太易。

很多人结婚后觉得对方变了，其实也未必，爱情就像加了滤镜的相机，看什么都是那么美好，当激情慢慢退去时，你才真正看到了现实生活。没有了滤镜的相机只会残忍地记录下每个瑕疵、每个不足。

奶奶好似一朵被剪了根的花朵，虽然在爱情水的浸泡下保持了一段时间的鲜艳和美丽，但是脱离了原有的生活环境，终究日渐枯萎。

慢慢的，她变得有点忧郁。个性刚烈的她当然不愿回家被父亲数落，但是她开始对今后的生活有点担忧。爷爷靠教书生活，其实已为奶奶提供了比一般人高的生活水平，但是怎么也不可能和她以前的生活相提并论。可想而知当时爷爷的压力一定也不小。

太外公其实还是放不下这个女儿，他不时派不同的朋友来打探奶奶的生活，当得知她生活比较艰辛，他在不让他们知道的情况下，以不同方法或多或少帮助了女儿。他们在那里一直居住到1951年，那年爸爸6岁。

爷爷和奶奶结婚后有了我的伯伯和爸爸。太外公虽然接触了许多西方文化，但骨子里还是非常重男轻女，不知道为什么奶奶非但没有任何重男轻女的观念，她还对女孩情有独钟。生了两个男孩后，奶奶更是望女心切。第三胎总算盼来了她朝思夜想的女儿。

生活有时就是那么捉弄人，你越是珍惜，越是会失去。这来之不易的女孩和奶奶的缘分竟然只有几个月，女儿出生不久就得了"百日咳"，回天乏术，奶奶痛失爱女。幸运的是当奶奶再次怀孕时上天又补偿了她一个女儿。自从女儿出生后，那在奶奶脸上失去很久的灿烂笑容又开始回来了。这个小女孩背负着双份的爱，奶奶把对失去大女儿的爱一起倾注在小女儿身上。小女儿也没恃宠而骄,爸爸告诉我他妹妹一直很乖,很听话,性格也非常随和。因为她的那份安静的美,家里都叫她"小睡莲",睡莲也是奶奶最爱的花。就这样,奶奶尽情地享受着这份来之不易的母女情。

1948 年,太外公去了香港。1952 年,奶奶觉得太外公已离开,没有人能再阻止她回到宝庆路 3 号家中,她带着全家敲开大门,正式搬回家中。当时她就选择了平厅住下了。

爷爷随着奶奶搬入宝庆路 3 号后,生活是舒适了,可是感情却慢慢出现了问题。奶奶回到了自己原先的生活圈子,爷爷并不适应。那些奶奶原先的追求者又出现在了他们的生活圈子中,这给了爷爷很多压力。以前重才而忽视了浪漫的奶奶,重新感受了众星捧月的感觉。据爸爸说当时爷爷的脾气日渐暴躁,最终有一次对奶奶动作大了些,奶奶从此心灰意冷。

嫉妒真的可以使人疯狂,因为在我的记忆中,爷爷是一个很随和的老人,我小时候不懂事发脾气把书扔向爷爷,正中他眼球,从此给他的视野中永远留下了一根黑线。他如果冲我发火倒使我感觉好些,但是他没有。我一直内疚到现在。可想而知这样一个好脾气的人,居然会对自己妻子大发雷霆,一定是压抑很久的结果。

虽然两人感情不尽如人意,但毕竟还是同甘共苦那么多年,而且还有三个孩子。奶奶基本把所有的爱都倾注在了孩子身上,当然"小睡莲"得到更多的宠爱。如果生活能一直保持这样的状态,也许奶奶就会选择留在这个家中把孩子们带大,毕竟她是离不开她心爱的女儿的，那么所有人的命运就会完全不同。

上天似乎觉得爷爷奶奶的苦难还不够，接下来的灾难，许多幸福家庭都很难幸免，对于一个处于感情危机的家庭更是在劫难逃。

爷爷喜欢下围棋，在我童年记忆中一直有爷爷约老朋友下棋的情景。其中经常来并且给我记忆较深的是写《红日》的吴强伯伯。

看来当时爷爷也是经常有朋友来下棋。这本来不是什么问题，但没想到的是有一个来下棋的朋友患了脑膜炎，并把这个当时非常难治的病传染给了"小睡莲"。爷爷的朋友最终没事，但是由于小孩身体弱，抵抗力差，爷爷奶奶找尽了当时最好的医生，但还是无能为力。

奶奶是一个很特别的人，她有着非常坚硬的性格，记得爷爷告诉我，"你知道，一般女孩结婚都会选择很柔软的婚纱，可是你奶奶选的婚纱，不需任何支撑，它可以自己站起来的。"她面对痛苦，选择的也不是眼泪。

可怜的"小睡莲"，被脑膜炎折磨得生不如死，撕心裂肺地哭喊，爷爷、爸爸和伯伯都不忍心进房间看她受罪，但是奶奶就坐在女儿身边，她当时没有哭，而是拿起画笔，拼命记录下女儿每一个痛苦的表情。很难有人能理解她的行为。但这是她选择的方式，她的痛苦是双倍的。她完全失去了希望，她最心爱的那朵莲花永远地睡去了。奶奶的心被掏空了。

如果失去第一个女儿是对爷爷奶奶感情的考验，那么失去"小睡莲"就是对这个家庭毁灭性的打击。奶奶没法原谅爷爷，在她眼里是爷爷把灾难带给了他们的女儿，是爷爷害死了"小睡莲"。虽然她知道爷爷也不是有意，但是她没法释怀。可怜的奶奶，那么喜欢女孩，但最终只有和大女儿几个月、和小女儿八年的缘分。

几年后太外公过世，奶奶需要去香港继承遗产，谁知道那一去竟成永别。

奶奶与我

了解我"祖父母之恋"的朋友,看了这个标题会觉得很奇怪,奶奶走后再也没有回来过,爸爸和奶奶也只有十四年的缘分,我的生活轨迹似乎不会和奶奶有任何交集,但不为人知的事实是,奶奶最终的失联可能是因为我。为什么会这样?听我慢慢和你讲。

奶奶去了香港后并不是杳无音讯。她一开始是以书信的形式和家里联系。虽然她对爷爷的确很失望,但毕竟她刚到一个新环境,家庭的温暖或多或少还是能给她这颗渐渐变冷的心一些热量。她会告诉家里一些她的情况,也很想知道家中的变化、孩子们的成长过程。

奶奶走后,爷爷把所有心思都集中在他的文学创作上,这部作品的雏形是他和奶奶共同构思、创作所得。他是把对奶奶的爱和思念都寄托在这本书里了。书中无数情爱细节,其实又何尝不是爷爷内心的写照。生活中失去爱情的爷爷,在自己文章里却能一次次地和爱妻邂逅。一写就是一辈子。爷爷深厚的历史功底,加上真情流露的爱情描写,终究使这部140万字的长篇历史小说《金瓯缺》脱颖而出,获得中国文学最高荣誉之

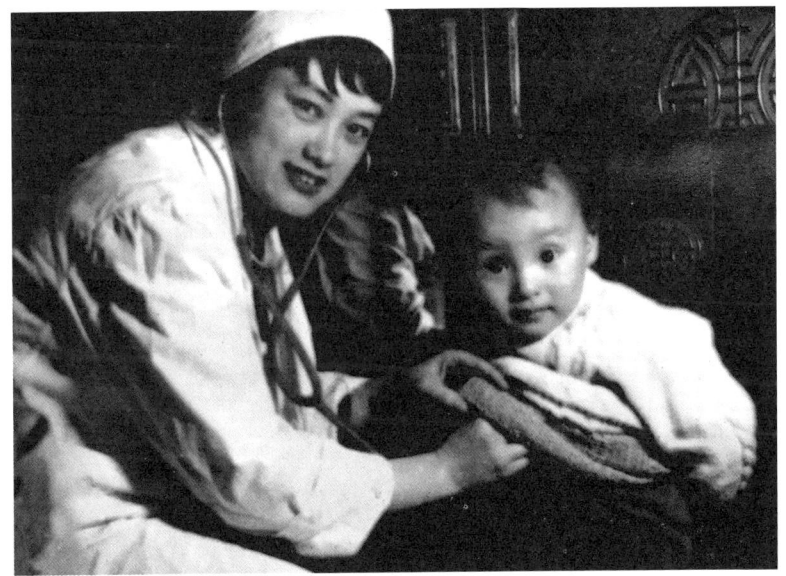
妈妈说在我小时候很喜欢我

奶奶画作

奶奶希望接我去法国由她抚养

一的"茅盾文学奖"。

奶奶到了香港领取遗产后,不久去了英国留学,最后到了法国落脚。30岁以后才开始学习绘画的她不断进修,不懈的努力加上她自身的慧心灵性,使得奶奶很短时间内居然在巴黎这个街头都活跃着各类艺术人才的城市中初露锋芒。她举办了自己的画展,得到了很大的成功,巴黎的报纸也刊登关于她的介绍。对于奶奶,这是她新生活的开始。她的信件逐渐减少,但这并不是她最终放开这个家的原因。当时她会把自己的作品和报纸介绍寄回家中,和家人分享她的成功和快乐。

奶奶又开始和家中频繁联系始于我的诞生。她前半生的喜乐悲哀和她与两个女儿的缘分和失去紧密相连。正当她的女儿梦渐渐远去时,得知我是个女孩,使她兴奋万分。

我记得在宝庆路时妈妈一直保留着一套套婴儿服装和用品,她告诉我这都是奶奶当时特地从法国寄回来给我的。哪怕在我十几岁时看到这些用品,都觉得是非常时尚和高级的。我能想象到奶奶在为我买这些用品时的失落和兴奋。失落的是看到这些小衣服一定会揭开她那流了很长时间血的伤疤,兴奋的是终于她有了个孙女,这也算是上天给她的一点补偿。她的信件渐渐增多,主要是要了解我的情况。家中的包裹也陆续而来。要不是当时中国的情况,我相信她一定会飞回来的。爷爷也把我的照片寄给奶奶,当她看到我的照片时,终于忍不住把一个她压抑很久的想法写信告诉了我父母。

有些人干脆离梦想很远,当失去梦想时也不会觉得特别失望。上天对奶奶真的有点残忍,她每次的女儿梦都已成现实,但最终失之交臂。这次当奶奶看到我时,她想竭尽全力争取一次,这是她圆梦的最后一次机会。

不久,家中寄来一封带回执的邮件,爸爸妈妈阅读后情绪非常激动,奶奶的要求在他们眼里是那么不可思议和没有人情味。

在信里奶奶首先说我很可爱,她非常喜欢。然后她的要求是希望我父母能把我送到法国由她领养。她告诉他们她可以给我提供一流的环境、一流的学校,还能让我学习多种艺术。她保证会把我培养成非常优秀的人才。

当然,我相信爸爸妈妈根本没看完她所列出的一系列能给我提供的条件,当看到她要领走我时已暴跳如雷。当然我能理解初为人父母的心情,他们觉得奶奶是那个不懂人情世故的"冷血怪物",居然要让亲生父母放弃自己刚生的孩子。

其实仔细分析一下奶奶所经历的坎坷,并不是很难理解她的所为。对于奶奶来说,并不是不知道自己的要求超出常理,但这是她最后的希望,我们真能责怪她的尝试吗?

奶奶不是没想到自己的要求会被婉言谢绝,没想到收到的却是妈妈一封痛诉长文。不要说有任何客气之词,全文硝烟弥漫,怨声载道。其中一句话也许从此结束了奶奶和这个家的缘分,妈妈说:"不是所有的女人都会像你那么绝情抛夫弃子,我是不可能像你一样放弃自己的孩子。"

奶奶这辈子似乎每次在圆自己女儿梦时,都无不例外地受到伤害。离那个梦越近，受伤害得越深。那封信，结束了她的最后一丝念想，也结束了她对这个家最后的留恋。

我有时会想象，如果跟了奶奶会怎样？也许她对我过分宠爱，把我惯坏，也许她不苟言笑，会让我窒息，或许她会给我很多我父母没有给我的培养，使我成名成家，但最终我一定会想知道，为什么父母会选择不留我。这就是人生，没得到的总是美好的。

叔公之恋

从我纪念叔公的文章中能看到我叔公是一个多么乐意付出的人,但他的专情更是难以想象的。我们家中的爱情故事不乏曲折离奇,但他的故事更多一层凄美伤感。

爷爷、叔公和他们的一个妹妹系同父同母,但奇怪的是我的叔公却和他们长得很不相像。爷爷虽说才华横溢,但的确长相有些遗憾,叔公却才貌双全。明明可成"花花公子"的外表却偏藏着一颗从一而终的心。

身为英俊有才的暖男,使他在震旦大学时就深受女生的喜爱。不少白富美向他表白,他都婉言谢绝。其实他心中早有了他的女神:那是一个小鸟依人、声如细丝、一阵狂风便会吹倒的女孩。也许就是这样,我叔公更觉得要保护她,但是那个女孩偏偏喜欢了一个渣男。我那正直的叔公就一直没有表白,他默默关注这个女孩,她每一次笑,都能融化他的心,她受了委屈,他就作为朋友听她倾诉,给她一个肩膀,一块手绢。如果她能幸福地和她的男友一直在一起,我相信叔公就会一直远远守着她,作为朋友给她衷心的祝福,因为他爱她,只要她开心,哪怕自己再痛苦,也在所不惜。

金门大酒店,1994 年,40×54cm

有一天，事情对于我叔公似乎有了转机。那个女孩和她的男朋友吵架后，那个男的什么都没留下就出走了，撇下这个女孩独自悲哀。她发了疯似的哭泣，茶饭不思。是叔公每天陪着她，给她做饭，哄她睡觉，然后自己离开。这样几个月，女孩渐渐被感动，在叔公表白时，她微微点了一下头。

从此，已没有什么能阻碍叔公对她倾注那份等待已久、没有条件、没有自我、深如大海的爱。叔公细心呵护着这份感情。他们相处了近一年。他对她的爱没有随着时间而变淡，反而与日俱增，终于在那一天，他向他的女神求了婚。她看着这个如此深爱自己的男人，心里很清楚他会用一辈子爱护她，但是……她犹豫了，她很奇怪为什么面对一个近乎完美且又对自己那么好的男人的求婚，自己不是欢喜流泪开心，反而犹豫不决。叔公很快看出了她的犹豫，问她到底还有什么顾虑。她拉着叔公的手，告诉他她愿意做他的新娘，但是她需要一个答案，一个对前一段感情的最后的终结。她告诉叔公，她需要一个月的时间。也许那个离开她的男人才是她的真爱，或许她一直在等待那个无情男人的回心转意，一年了，她的希望慢慢变成绝望，再加上叔公对她的百般宠爱，她已开始放弃，但是真的面对婚姻时，她想让自己彻底死心，她想给自己一点时间，整理一下心情，面对新的生活。

命运对我们家人是不公平，甚至是苛刻的。如果不是那一个月，也许叔公就会琴瑟和鸣、子孙绕膝，但就是那等待的一个月，毁了我叔公一生的爱情，也毁了那个女孩的一生。到底发生了什么?

那一个月即将结束时发生的事,由于太戏剧化,听上去简直不像真的。就在那个月底,她的前男友居然回来了。难道他们有第六感应?难道这个女孩预感他要回来?难道这就是命里注定?……没人知道他这一年去了哪里,干了什么,只知道他回来就是要把女孩带走。

都说命运是一连串决定的结果。这个女孩的决定,改变了我叔公和她的命运。她没有留下太多解释,断然和这个不负责任的男人远走高飞了。

我可怜的叔公面对一个即将成为自己新娘的女孩就这样无情地抛弃自己的事实时,最不能接受的却是自己没有了默默保护她的机会。

这个不是一般的失恋,叔公毫无保留地倾注了他所有的爱,那个女孩掏空了叔公身上每一个细胞,留下的只是一个躯壳。

叔公的一个牧师朋友把他接到自己家中,试图劝解他,但是没有她的未来对于叔公来说已没有任何意义,他选择离开这个世界。他服用了大剂量的安眠药。若不是牧师发现得早,我也没有机会感受到这个伟大的人对我无私的爱了。

医生救活了叔公,但是他却埋葬了自己的爱情。他一生未娶。他把所有的爱都给了他哥哥的家庭,给了我们。他带大我的伯父、爸爸,又带大了我和堂弟。

亲爱的叔公,当时一直看到您的笑脸,但不知您经历的辛酸往事，要是那时我已懂事，我会给您我的肩膀，让饱经沧桑的您也有一个安全的港湾。

那个女孩最终嫁给了那个男人，但是听说那个男人对她很不好，还有家暴。那个女孩后来精神出了问题。我的叔公托人了解到她的情况，一直汇款救济她，直到离世。

父母之恋

父母的感情历程并没有太多轰轰烈烈，但是也非一帆风顺。妈妈和爸爸的确也是有缘分的，当时外婆买了那块地时，好像冥冥之中为妈妈进入宝庆路3号做好了铺垫。外婆在一较偏远的地方买了一块地，造了两间房，一间自己住，一间借给了一对文艺夫妇。他们非常喜欢充满文艺细胞的妈妈，把妈妈介绍给了一个我们后来一直叫何妈妈的优雅女士。何妈妈是油画家、美术史评论家，当时任中国美术家协会上海分会理论研究室副主任、油画组副组长。就是她把想学画画的妈妈第一次带入了宝庆路3号，见到了比她大一岁的小老师爸爸。

其实如果没有她的介绍，妈妈迟早也是会进入宝庆路3号的，那是因为她的另一个邻居就是我爸爸的表妹家。那时我的叔公经常去他们家，早就注意到邻居有个美丽活泼的女孩。其实在妈妈被正式介绍给爸爸前，我的叔公已好几次提出要带妈妈到宝庆路3号玩。在他心里早就希望把妈妈介绍给自己的侄子。所以当何妈妈带妈妈入门求师时，叔公当然替爸爸一口答应，心想这对于侄子真是天赐良机，求之不得。但是十几岁傻傻的爸爸，没有恋爱经验，虽然见到妈妈也被她的美貌折服，但是只知道对妈妈大谈音乐美术和自己,根本不知道要讨好一个女孩,最好的话题莫过于女孩自己。男孩天南海北贫两小时的加分远不如二十分钟认认真真倾听她的故事。爸爸的自我陶醉慢慢使妈妈看起来变得越来越无聊。叔公看在眼里急在心里,最后不得不借口要帮忙,拖出侄子,让他多问问女孩的生活和喜好。爸爸抓抓头发,一脸迷茫,不知道自己蛮好的话题为什么要终止,但还是只知其然而不知其所以然地按叔公的意思办了,终于慢慢看到了妈妈那已黯然的目光有了神采,说话也积极很多,爸爸开始有点崇拜自己的叔叔,从此他在感情方面的事什么都会问叔公。其实回过头看,爸爸从恋爱到成功娶到妈妈,一半都是我叔公的功劳。

爸爸这一辈子按他自己的话说是"皇帝命":结婚前是保姆伺候,结婚后是妈妈照顾,连谈个恋爱也是我叔公关照着。很多人很奇怪,我从小也是保姆照顾长大,为什么我什么事基本都能自己解决,而且不喜欢依赖别人。这也是因为当母亲走后家中总要有个能管事的,靠不住那个皇帝命的老爸,那我也只能把公主命改为劳碌命了。

至于和妈妈的恋爱,爸爸只是享受那美好的,小手牵牵、小嘴亲亲呀他都孜孜不倦,但是一到要接要送,他便经常面露难色,不是推说天气太冷,就是身体感觉不适,或者就是路途太远。所以多半时间都是我的叔公冒着奇寒酷暑,不计路途遥远地负责接送妈妈。爸爸居然还觉得理所当然。嗨,这大概就是他说的皇帝命,他还真把自己当作了小皇帝。可怜我叔公,他们恋爱八年，他就接送了八年。

叔公这么做，一方面是希望促成他们的婚姻，另一方面的确也是担心这两个孩子，他知道如遇到事爸爸是保护不了妈妈的，他的担心不是没有道理。

有一天天气适宜，爸爸感觉精神焕发，突发奇想地决定由自己送妈妈。天色已暗，望着爸爸那似乎会被风吹走的背影，和他那揣着妈妈、只会画画而无拔毛之力的手，叔公不免忐忑不安起来。他担心地等着侄子的安全返回……

天色已晚，爸爸一本正经牵着妈妈的手，告诉她不用怕，有他在。妈妈只是微微一笑。经过一段时间的接触，妈妈心里很明白这弱不禁风的男友并不是保镖的料，不过他能提出自己送，这份情是领了。

爸爸并没有什么方向感，但是由于他经常需写生，所以对附近的弄堂非常熟悉，为了要显示他的熟门熟路，他带着妈妈穿梭于弄堂之间，并解说着每个建筑的历史背景和建筑特色。

三岁看到老，其实爸爸对于建筑的喜爱从那时就已呈现。他画建筑就是因为太喜欢，他要用自己的画笔刻录这种心爱，并可以加上自己的注解。爸爸每一张画都充满了灵魂，好像都跃跃欲试地想跳出来告诉你它们的故事，因为它们充满了作者的喜爱。这也就是为什么画家画的最美的人往往就是他们的恋人。

他生病后，拖着病体，还喜欢和我骑车逛各种小街弄堂。看着他指手画脚地和我解释着他画过的每个建筑，我仿佛看到

父母谈恋爱时期

了他当年带着妈妈穿越弄堂的情景。

爸爸一路的侃侃而谈,加上弄堂里众生万象,使得回程时间倏忽而逝。眼看马上就要到家,意犹未尽的爸爸拉着妈妈进入了一条他自己也不熟悉的弄堂,越走越感觉不对,不久就发现有人跟着他们。足不出户的爸爸从没面对过这样的情形,一时慌了手脚,刚才还拍胸脯说要保护妈妈的他,手脚冰冷,嘴里不停问妈妈怎么办。妈妈下一个举动真的让爸爸跌落眼镜。

妈妈甩开爸爸的手,一个转身面对那个跟着他们的人径直走了过去,不知那个人本来想要做什么,但是面对这出乎意料的举动,他竟然转身就逃,妈妈还紧追不放,要不是怕留爸爸一个人在那,妈妈也许真的会抓住那可疑的人。

妈妈从小和邻居男孩一起长大,天不怕地不怕,当时和她一起玩的还有我们家的一个亲戚,他当时可是当地的大哥。所以,这样的小痞子吓唬不了妈妈。奇怪的是爸爸的惊慌并没有让妈妈对他失去好感,反而使妈妈有了要保护爸爸的使命感。也就是从那天开始,注定了宝庆路3号今后女皇时代的开始。

爸爸妈妈开始交往时的故事我知道的并不多。我所知道的是他们的恋爱得到爸爸家人的完全支持,但是外婆从一开始就不赞成。在如此精明能干的外婆心里,能配上自己精心培养、貌美有才的女儿的,决不是一个除了画画什么都不会,而且在当时身份又不好的爸爸。外婆的反对不但没有影响妈妈跟着爸爸的决心,反而激起了她的逆反情绪,不让她做的她偏要做。

妈妈年轻时是一个敢爱敢恨敢做的女人,不知为什么她后来变得完全不一样，但当时她是一个完全跟着感觉走的性情中人。

那时妈妈在安徽唱样板戏，和爸爸分居两地，爸爸不会自己出远门，只能是妈妈回去看他。单位一有空，妈妈就想着法子回上海看爸爸。长途车时间有限制，而且每次都买车票回去，经济上也承受不了，妈妈经常都是搭回上海的货车回去的。当然会很不舒服，但是爱情的力量战胜了一切。

有一次回去时间很紧，妈妈准备回上海时已是傍晚。长途汽车已没有班次，但是妈妈已有一段时间没有回上海，非常想念爸爸，要知道当时异地恋是很困难的，没有电话、视频，只有信件。还好，妈妈找到一辆回上海的卡车同意带她回上海，但条件是她只能坐在后面。妈妈没多想就同意，上了车。昏暗之中，妈妈看到车上还有一个男人，车厢当中有一个长长的被布盖着的东西。车里的空气很糟糕。妈妈就问那个男人："这当中的是什么？"那个男人看了看妈妈，说："这是我刚淹死的弟弟。"他们是要把他运回上海。妈妈害怕地叫了一声。司机便说，你如果太害怕就不要搭车了。妈妈后来告诉我，她当时真的很害怕，但是如不搭，就回不了上海，她硬着头皮还是留在了车上。车子开了，风不断地掀开那条盖着尸体的白布，她看到了那双惨白的脚，她只能闭上双眼，生怕那白布被完全吹开，看到那被淹死男人最后的恐惧表情。哪怕在几十年后，每次妈妈讲述这件事时，我还能感受到她当时的惊慌不安。

我一直问自己，如换了我，我会吗？不需思考，我的答案也是会的。我们家的女人，都会为爱而疯狂，这就是我们的DNA。

妈妈就是这样度过在安徽和爸爸分开的日子。直到发生了一件事，使得妈妈觉得她不得不尽快结婚。

当时在安徽有一个高官的儿子喜欢上了妈妈，托人给外婆送礼，并保证能给妈妈很好的待遇。外婆并不很看好，但是想想也比爸爸强，就要妈妈去见见面。妈妈死活不肯，但实在受不了母亲不断的唠叨，最后决定就去见一面。

了解爸爸的朋友一定知道，爸爸虽然其貌不扬，但是他对于女孩有一种特别的吸引力，也许是他的能说会道，或许是他的艺术家气息，让人觉得有趣而温馨。女人最怕的就是枯燥的男人。

那个高官儿子相貌倒还过得去，可是一开口，实在土得掉渣，当然不是爸爸对手。外婆也不得不放弃这个想法。

看到贿赂不行，这个高官儿子通过关系，在妈妈所属单位对她轮番做工作，有时这工作在黑暗小屋一做就是一天，其实就是变相威逼。妈妈一点没动摇，顽强地进行反抗。

虽然事情没有进一步恶化，但妈妈知道是时候和爸爸尽快结婚，否则身边那些对她垂涎欲滴的"苍蝇"们是不会罢休的。

爸爸和妈妈不久就结婚了。从此正式进入了宝庆路3号女皇统治期。

江郎才尽

故事写到现在,虽然这些都是家人的真实经历,但我毕竟都是以语言、文字形式被告知的。虽然时间久远,又不是亲身经历,但是他们的故事本身就极具戏剧化,我只是把它们整理一下,就可客观地把故事写出来。每个故事都充满正能量,每个人物都有个性,非常可爱。对于读者很有可读性,对于每个被写的对象也只有光环,如故事到此为止,可谓皆大欢喜。

但是,接下去我要写的章节很多是我的亲身经历,有些是来自我深藏很久的记忆,在这些记忆中除了快乐,还有些是痛苦的,是人性黑暗的,在写这些故事的过程中也许会揭开我很多以前的伤痛,我真的准备好了吗?

还有,我需要面对一个很现实的问题,是家人,和父母朋友的压力。为什么这么说?在我刚开始决定写宝庆路3号故事的时候,就收到一些忠告或者直接些说是一些警告,那就是要注意分寸,要知道什么该写,什么不要写。这使我非常为难。首先,了解我的朋友都知道我是一个非常感性、真实的人,我好恶分明,不会掩饰,确切一点说是不屑掩饰我的真实感受。我的文章不会看到浮夸的文藻,但是一定能感受到我没有经过

写这本书我需要面对一个很现实的问题,是家人,和父母朋友的压力

粉饰、过滤的最原始的感情。如果在写的过程中，我需要瞻前顾后，那就失去了我想记录宝庆路3号故事的初衷，那她就将失去她的独特，最终消失在茫茫文海中。但是当面对一些没有修饰过的事实，那些深受中国传统教育的家人或父母朋友，又有几个能坦然面对一个小辈笔下的那些不一定那么完美的长辈们？不孝之名好像在劫难逃。

　　对于爸爸的故事还比较容易，因为外面有很多关于他的文章，有些正面，也有反面，我的文章倒可澄清许多曲解。至于我的母亲，会很难写，由于她的美貌和才能，一些熟悉或不很熟悉的朋友基本把她神化，那么他们又能否接受他们心目中的女神并不那么完美的事实？

　　这就是我现在的真实想法。这些顾虑会影响我接下去的写作吗？说实话，还不知道，但是我一直的理念是做自己认为对的事，因为在这个世上，无论你做什么，永远不会得到所有人的认可，人生只有一次，应该为自己活。

女皇时代 1

许久没有勇气去触碰那一段已渐渐淡去,但哪怕隔着漫漫时间长河,还是不时能透出淡淡忧伤和很多无奈的童年回忆。

在许多人眼里,我的童年应该是无比幸福和充满优越感的。在那个许多人还是几代人同住一屋,没有卫生间靠手提马桶和痰盂解决内急的年代,我独处的房间的面积已是某些家庭所有面积的两倍,虽然没有套房卫生间,但是上下两个卫生间的配置,已是凤毛麟角。我这个连什么是公共澡堂都不知道的小孩,在同学间简直就是外星人,更不用说当他们到了我家那个比一般小公园还大的花园,他们认为我是世界上最幸福的小孩。

当时的孩子都比较单纯,否则很容易遭人嫉恨。记得当时同学中就有另一个大户人家的小姐,由于父母宠爱,在学校有很多特权,许多同学看不惯,她娇弱瘦小,胆子也小,经常受同学欺负。但是我从小由父母散养,自己也没心没肺,假小子的性格使我很容易和大家打成一片,加上从小喜动,足球、排球、弹弓都和男生有一拼,直到初中,掰手腕有的男生还不是我对手,所以大家很难把我和那种羞涩娇滴、弱不禁风的大家

宝庆路 3 号平厅，2005 年

闺秀联系在一起。喜欢我的同学不少,不喜欢我的呢,也不敢惹我。

在学校,我经常嘻嘻哈哈、疯疯癫癫,但是在家中,我很孤独很压抑。

人就是这样,永远想要自己没有的。当时那个被认为是造物主宠儿的我,其实最大的愿望是全家能搬到72家房客的住所。因为那样的话,妈妈就没法把我赶到我自己的房间,那我就能一直待在他们身边。后来长大一些,我最喜欢做的事就是自己一个人骑着车,到小巷里观察那些沿街面的家庭,看他们烧菜、吃饭、洗碗、看电视,哪怕小争吵都觉得是那么亲切。这好像才是真实的生活。

我家从来不缺访客,那种孤独并不是看不到人,而是看到了也和你无关。那是种精神上的孤单,那是隔着玻璃看热闹,最糟糕的是那些玻璃外的人还看不到隔着玻璃的你,因为你对于他们是透明的。换句话说,我根本没有任何存在感。热闹的白天永远不懂夜的黑。

不知道是我天性喜欢热闹,才会那么怕孤独,还是我从小太孤单,以至于长大后一直不喜欢独处。童年决定性格,真的是有道理的。

我儿时的记忆都始于那湿答答冷冰冰的一楼卧室。它见证了我的喜怒哀乐,情窦初开,悲欢离合。

我们住的是太外公当时为他孩子们准备的孩子楼。主楼据说有17间房间。周家的子女基本都已移居国外,那栋主楼只留下周家一个小姐和她的丈夫。他们两个性格孤僻，恐惧社交，每次都尽量避开人群，难得撞见一次，佝偻的身影低着头一溜烟地消失在那幢布满爬山虎的阴森森的主楼内。他们有一个儿子，但是小时候好像不见他出来玩，一直被管制在那楼里。

那时我们都很怕进入那栋主楼，姨婆那张苍白无表情的脸和那一米四出头的干瘪、布满皱纹的躯干，不得不让人联想到恐怖电影中的某些人物。她的老公最多也不过一米六几，几乎每天永远穿着一身灰蓝的工作服推着一部破旧自行车，见面倒是还能微笑一下，但是即使近视眼的我，远远也能感受到那种皮笑肉不笑的应付。我一直没搞懂的是这样两个人，怎么能生出一个一米八的儿子。

我的记忆中，小时候我们从未被邀请到姨婆家中做过客，仅有几次也是趁着姨婆不在，跟着小舅舅们偷偷溜进去，不看还好，一看简直毛骨悚然。有一次，我们踮着脚混进了主楼二楼、三楼，整栋楼房昏暗无比，蜘蛛老鼠似乎占领了大部分闲置房间，许多房间晚上可以看到星星，当然这不是设计的初衷，而是失修的屋顶已开始露出尴尬的笑容。在那孤星血泪的房子里战战兢兢地穿越了几个房间，到了一个特别湿、特别暗的房间，忽然一个戴着纱巾的严肃面孔呈现在我的眼前，原来那六姨婆刚在外面收拾垃圾，由于怕晒，戴着一顶奇丑无比的帽子，最奇怪的是还在帽子上加了一层纱，让我不禁感觉自己像简爱偶遇了罗彻斯特的前妻。其实我也不懂她为何还要如此遮阳,不会是要保护那已皱得不能再皱的皮肤?当时一定把我吓得不轻,因为我从此再也没有进过那幢楼。

我觉得我对有钱人的偏见,其实就是始于那个姨婆。在周家那些大多冷漠、严肃、不太有人情味的亲戚中,他们是我最初的体验。他们从未邀请过我们家去他们那做客,一方面可能是由于他们的确不喜交际,但我们是她的家人,爸爸和伯父是她亲姐姐的孩子,而且已是失去母爱的孩子,作为他们的阿姨,不但没有最基本的同情心,还因为知道我的祖母不在,就想办法欺负我们。我不要求她对我们怎么好,但是至少不要处处刁难、苛刻。这就是周家子女多半的相互关系:欺软怕硬,利益为上,亲情基本没有。

言归正传,回到我们的副楼。这是一栋三层楼的子女楼。入口是一扇有着铁栏杆的颗粒凹凸的玻璃和木头制成的大门。进门看到的是一条铺着印花瓷砖的走道,走道的墙壁上曾经是爸爸给我画的米老鼠。我们在这里停自行车。走廊尽头是一个卫生间,走廊左面便是一个很大的厨房间,厨房背后就是有我二十几年回忆的我的卧室。二楼有两间房,最早是爷爷、叔公以及前伯母居住,伯父难得回来探亲。三楼有三间房,父母占了一间朝南的房间,其他两间归属于周家三儿子,他是太外公最喜欢的儿子,当然也是最飞扬跋扈、盛气凌人的一个。由于他当时居住在香港,房间最早都是锁着的,后来由于这个舅公比较喜欢妈妈,把门打开,让我父母使用了。整栋房子我的房间最不适合居住,底层,非常潮湿,朝东,除了早上有一点阳光，整天都比较阴暗，后来旁边造了大楼，早上仅有的一点阳光也被遮挡住了。由于厨房就在旁边，老鼠蟑螂一直与我为伴。虽然窗上有铁栏杆，但是底楼谁都可能绕到我的窗口。窗外杂草丛生，所以我时常成为蚊子的鲜美晚餐。

与平厅相比，这栋楼没有平厅的光鲜体面，它平凡普通，甚至有些落魄，但是它的故事绝不比平厅少。它记录了我母亲最开心的一段时光，但是我的记忆中酸苦的成分好像要比甜的更多。

宝庆路3号最早给我的记忆就是一个小学。那时我们家一栋副楼借给了一所小学，在小学上学的孩子们一定记得每天早上早操铃一响起，一个三四岁胖胖的女孩会站在他们最前面领操。当然我完全是即兴发挥，与其说是做操，不如说在跳舞，许多老师同学看了笑弯了腰，但是我那个认真劲一点没有被他们的笑声所打击，使很多人至今难忘。三岁看到老，那时的我就喜欢动，而且一点不怯场，面对那么多老师同学一点都不害羞。当升国旗时还一本正经举着小手，当时最羡慕的是哥哥姐姐们的红领巾。

那段时间家中是热闹的，爸爸妈妈住三楼，爷爷、叔公住二楼，伯伯在安徽教书，寒暑假回来，他和他当时的妻子住在爷爷房间隔壁。

爷爷当时工资每月近200元，加上他的稿费收入，对于一般人的月工资才30多元的时代，家里条件还算不错。可惜的是当时没什么地方可以买到好的家具，家里最早的家具是找人做的，是纸糊的，样子却是洋派的。物质虽贫乏，但妈妈总能想办法把家弄得很温馨，不要看这些纸糊家具筑起的小屋，当时这还是很多人梦想的家园的样子。

凭妈妈当时的那些才能足以在外一显身手，偏偏她是个十足宅女，喜欢在家布置家居。她的社交圈也仅限于她从小长大的发小。她的乐趣完全在于把家弄得漂漂亮亮，有些熟悉的朋友围在她身边，当然是要以她为中心。她享受着众星捧月的感觉。

当时叔公包揽了所有家务。在我记忆中，我的童年基本是与叔公和爷爷一起度过的，父母好像整天忙着和朋友聚会。他们去什么地方，基本也不会带我，但是当时有我的叔公宠着我，我还是觉得很幸福。

女皇时代 2

说实话，毕竟时间久远，许多记忆已渐渐模糊。我在宝庆路3号的回忆大体上分成三个时间段。早期：父母、叔公、爷爷、前伯母、堂弟同处一楼，其间还有外婆也和我们住过，那段时间比较热闹，延续到我小学毕业。中期：我初中到高中，叔公已去了美国，伯父回国后离婚，前伯母搬回娘家，堂弟去了三阿婆家，家中有爷爷、伯父和父母。后来爷爷病故，伯父离开，只留下我和父母，也经历了我觉得最孤独的时期。后期：大学到去美国之前，那是一段成长烦恼期，在没有指引的状态下对与不对地处理了很多该与不该发生的事。

其实早期家庭氛围处于各种"矛盾"之中，父母之间的小打小闹，我和堂弟之间的互相争宠、玩具抢夺之战，叔公和爷爷的频频拌嘴，但是这些矛盾非但没有影响互相的感情，反而使家中更有生活气息。

爸爸妈妈的争执时间不会太长，最终会以爸爸的不断讨好赔罪结束，妈妈永远不会承认自己做错。不过爸爸给台阶下，她的气头也不会很久。

我比堂弟长四岁，当时叔公每天给我吃蜂王浆巧克力，那巧克力长得像石头一样一块块，所以又叫石头巧克力，我一吃就是几块，再加上我四分之一的德国血统，所以长得又高又大。弟弟由于早产且没吃多久母乳，身体比较虚弱，当时比同龄人小很多，我们在一起看上去我远不止长他四岁，大家叫我高脚雄鸡，叫他小萝卜头。堂弟小学由妈妈和叔公带大，我年长而且人高马大，所以他们总偏袒着堂弟。我心里总有点小嫉妒，有时会故意惹惹我弟弟，事后又总觉得能把事情缘由说得自己很无辜，弟弟小又不善言语，所以不会有招架之力。不过却经常被妈妈看穿，最终一顿打还是逃不掉。吵架归吵架，但是我决不允许任何人欺负我弟弟。记得一次去公园，弟弟被几个男孩欺负，我马上赶过去，当他们看到如此凶悍的姐姐，就一溜烟地逃了。

妈妈说我很小就很霸道，两三岁时不知怎么喜欢拉人头发。我出生时没头发，光头很久，终于长出些，妈妈又不舍得剪，到5岁还是头发稀少枯黄，可能是看到别人满头秀发，心生妒忌，居然想拉下来给自己装上。那时妈妈最怕带我上公交车，她抱着我，我只要看到谁的长发，一定死死拽住，往下狠拉，而且不肯放手，每次车厢会突然出现惨叫，被我袭击的美女刚想翻脸，转头看到一个可爱的小孩，还真的不忍生气。

有一次妈妈朋友十几岁的女儿逗我玩想抱我，我二话没说一口咬住她的肚皮不放，居然咬出了一个血印，咬得她都哭了。那个朋友当面不能说什么，但是后来就不太来了。

还有一次，我3岁，妈妈带我去公园，看到一个5岁孩子骑着一辆儿童三轮车，吃着冰淇淋，趁他们不注意，我把那个孩子手中冰淇淋一把拿下马上放在自己嘴里，最过分的是还把那孩子推下三轮车，自己坐了上去。听到那孩子大哭，他父母赶了过来，我死活不肯下来，说妈妈同意给我买才下车，妈妈同意了，不可思议的是，居然还真的给我买了一辆同样的车。我之所以说不可思议是因为自打我有记忆起，一直很怕妈妈，别说这样的要挟，哪怕别人给我任何东西，我都是要看着妈妈的脸色才知道能不能接受，至于为什么那时我没挨打还如愿以偿那就不得而知了。

爷爷和叔公的争吵基本都是些芝麻绿豆大的家常小事，叔公当时是家中的主心骨，他为了哥哥的家庭整天忙忙碌碌，每天做饭、洗衣、清洁都揽下了，刚开始还没有洗衣机，都是叔公用手洗出来，大冬天他的手都是冻疮，现在想想都心疼。爷爷呢什么都不会，但时不时还要来厨房为自己煎一个喜欢的荷包蛋，或煮一碗面，笨手笨脚，把叔公整理好的厨房弄得乱七八糟。类似这样的争吵每天都会上演。看来家务能使淑女变为怨妇，也可使绅士沦为怨夫，但就是这种争吵却让我感受到一种特别的温暖，一个充满性格的家的氛围。

记忆中真正让我感受到那种只有在电影中展示或文章里描述的无私无尽的爱的人只有两个，一个是我外婆，一个是我叔公。

对外婆的记忆已很模糊，但是她对我的爱，我还能清晰回忆得到。不知是没有太多来自父母的关爱，还是天性对爱的需求,从小我就不会把受到的爱当作理所当然。我享受着爱的同时,心中充满了感激。那时我就明白世界上没有人必须对你好,对你好那是一种恩赐。现在更明白爱你的人不一定会陪你很久,要珍惜那被爱沐浴的时光。那爱我的两个人一个在我6岁时永远离开了我,一个在我八九岁时为了我们生活得更好去了美国,这一去便是永别。

不记得何时外婆搬过来和我们一起住的,但是我记得外婆来的时候,家中只有一间很小的房间空着,我每天都会去那个房间,那里有外婆给我留的很多好吃的东西,能干的外婆不是在编织一张美丽的桌布,就是在帮我绣一双好看的绣花鞋,好像没有她不会的手工活。到现在我听到那熟悉的小调"摇呀摇,摇到外婆桥",我还能看到自己被外婆那双饱经风霜、骨瘦如柴的双手拉着,一起在她那硬邦邦的床上摇呀摇的情景。虽然时隔已久,但那种温暖那种爱是我后来在孤独时的一种安慰,让我告诉自己,我也曾被深深爱过。

记忆深刻的是大约5岁,有一次外婆带我外出,我们追赶一辆公交车,我跑得快,先上了车,还没来得及让售票员等等,车门已关闭,车子开始启动。我看着车后面外婆那瘦弱得令人怜惜的身躯竭尽全力地追赶呼叫着这辆载着自己宝贝外孙女的即将离开的车,深刻感受到了那种即将失去挚爱家人的心情。我突然大哭呼叫外婆外婆,死命地敲着车门叫喊停车,司机马上停了下来,终于一把拉上外婆,可怜的外婆上气不接下气但还是使劲地抱住了我。当时她一定和我一样不愿放手,只怕松了手又会失散。可惜命运在一年后还是让我们阴阳永隔。我6岁那年外婆肺癌不治离开了我们,我失去了第一个爱我的人。

妈妈告诉我,当时开追悼会,别人家很多比我大的孩子家中失去亲人,他们还不懂事地戏耍奔跑着,我当时6岁,抱着一根柱子哭得站不起来。后来大家去饭店吃豆腐羹饭,我生气地问妈妈,外婆不在了,那么悲伤为什么还要开心地吃饭?

外婆走后我很难过,但是那时还有一个宠爱我的叔公,他对我的爱我记得更清晰。在我记忆里我的父母没有接送过我上下学,都是叔公接送的。当时去学校是走路过去,单程二十分钟。叔公早上送我,中午学校有食堂,但叔公中午还是会时常送来我喜欢的点心。晚上回家也是他来接。一天三次来回,每次都是四十分钟路程,回家还要给一家子人烧饭、洗衣。这是怎样的付出?

后来我大一些,妈妈说我需要一个人去学校了,不让叔公送了。我开始每天背着书包头颈上挂着一把钥匙蹦蹦跳跳地自己上学了,但是有时回头,总能看到叔公默默地跟在远处,他不放心,每次都瞒着妈妈跟着我到学校。那时的我并不知道,那种一生也不一定能感受到的无私的爱,在不久的将来会永久地离开了我。叔公在我五六年级时为了能给我们更好的生活去了美国。他到了美国,自己省吃俭用,精通英法两种语言的他在养老院做主管,本来可以拿到很高工资,但由于他当时没有身份，所以台湾老板给了比标准低很多的工资。叔公把大部分收入寄给我们家里，剩下的还会寄给他那个单身但抚养着我堂弟的妹妹，和一个已退休、无人赡养的以前家中的老保姆。他自己所剩无几。他一般吃住都在养老院，但是我伯伯去看他时，他居然要求伯伯给他买个点心。可想他自己连一口点心都不舍得买。至少妈妈到美国时还有机会和叔公相处了一段时间，虽然妈妈和叔公相距不远，但是叔公最后心脏病发作在美国医院过世，妈妈没有来得及赶到。他无私奉献了一辈子，最后离开居然没有一个人送到他。我到现在想到他一个人孤零零在那冷冰冰的医院离开，心就像刀割。上天怎么这么不厚待一个如此善良的好人？

晚上想着要写的故事模模糊糊地睡着了，梦里我拿起那张全家福，突然那些带着微笑的我爱的和爱我的人的身影一个个变得模糊起来，我拼命揉眼睛，抓狂似的想留住每一个要消失的影像，但是最终从模糊变为空白，留下我一个面对着镜头。

多少次我祈求给我一天，哪怕就几小时回到当时，让我给叔公敲敲背，准备一桌子他喜欢的食物，告诉他我感谢他所有的付出，我会一直陪在他身边；让我再抱一抱外婆那骨瘦如柴的身躯，告诉她生病不用怕，我已长大，能为她撑起一片天；让我再听听爷爷给我讲那小时候听了就想睡觉的历史故事，告诉他，他是多么伟大的作家，到现在还有很多他的粉丝；让我再和爸爸跳一曲舞，告诉他我很想很想他，我已不讨厌画画，希望他能手把手再教我一次;让我再看看妈妈那漂亮的脸蛋,告诉她,她一直那么美,哪怕在被病痛折磨时。

  我们最终会离开或被离开我们爱和爱我们的人,所以在可以的时候多给些时间和爱,这样才不留遗憾。

女皇时代 3

我的大脑开始进入了时间隧道，又回到那似懂非懂、懵懵懂懂的童年时代。

爸爸在街道工厂工作的细节我已没有什么记忆，只记得他的工作是绕线圈。对于艺术是天才的爸爸，在这个看似简单的任务上完全是白痴。经常绕反了，报废很多。车间主任看他这样一个大少爷，知道也难为他了，但是指标总要完成。最后爸爸那些从小喜爱的世界名著总算派上用场，他用那绘声绘色讲述故事的能力，把那些风花雪月、扑朔迷离的情节带到了那枯燥无比冰冷的车间，温暖了多少阿姨、阿姐和小妹的心扉。从此他的任务就是讲故事，指标大家帮他解决，会做线圈的人一大堆，可只有他能给大家带来乐趣。

妈妈曾经在一家钟表元件厂工作。我对她的工作环境还是有点记忆，因为她当时会带我去她厂里。她待过好几个部门，不像爸爸，她的工作能力比较强，每次都能超指标完成。我还记得她有段时间的工作是把一些塑料字用电焊棒焊在钟面上，我还帮她一起做过。听她同事说，我从小不怕生，而且还有领导才能，在厂里我居然可以把比我大的孩子都聚在一起，还对他们发号施令。

后来家中条件好些,妈妈就一直病假在家。也正因为这个原因救了她一条命。在她病假期间,她所在的厂发生大爆炸,她的同事有的死有的伤,还有半身残疾的。当时陪妈妈去探望伤者,那时的惨状到现在还血淋淋地记忆犹新。在为妈妈庆幸的同时也为受害人觉得痛心。想想那厂一定没有在意安全事项,可怜毁了多少人的幸福。

叔公到了美国找到工作后,第一件事就是给家里寄钱。当时普通人月工资30元,叔公一寄就是100美元,加上爷爷200元的工资,家中开销绰绰有余,也就是那时爸爸决定从厂里辞职,虽然要放弃铁饭碗,但是他觉得这会最终浪费他的才能,说想用画画谋生,妈妈也申请留职停薪在家。

他们在家时间一长,必然无聊,手中开销有余的妈妈开始请朋友来家吃饭、聊天。那时的朋友基本都是以妈妈年轻时的邻居、闺蜜以及他们的家庭为主。妈妈最喜欢的就是小范围的聚会,当时来得最多的是两三个家庭。

那时的普通家庭经济都比较拮据,记得妈妈一个好朋友和老公孩子三人蜗居在一个10平方米的小屋,生活、卫生全在一起了。我还能记得他们说有一扇玻璃窗的玻璃坏了,一时没有钱修复,只能在大冬天贴一张纸将就着。

客人来,虽然我不能参与,但是他们在楼上的欢笑声音,上下走动的热闹劲,总能使我感觉不那么寂寞了。当时妈妈负责让阿姨买好菜,洗好,切好,她和她的朋友们会各自下厨做

妈妈的长裙很时髦

妈妈45岁生日

我们经常在这个地方拍照

几个自己的拿手菜。那种饿着肚子等吃饭的感觉也是难以忘怀的。最主要的是吃饭时间是我唯一被允许和他们坐在一起的时间，可以在短暂时间里分享一下那种快乐和热闹。也就是这样从一个不属于自己的热闹开心的大人世界偷捡的星星点点的幸福感，伴我走过了我漫长的童年，安慰了我那时那颗孤独的心。

　　说实话，现在回想那个年代，大家都过得不容易，但是也没有很多物质刺激和欲望。没 iPhone、iPad，但是却有说不完的话题；没有名牌攀比，但是可以切磋裁剪、缝纫、刺绣、编织等技术；没有餐馆大吃大喝，倒是可以尝到不同朋友的拿手好菜。那时的友谊没有网络电信的便捷，少了金属的生硬，多了面对面交流的真诚。

　　相比后来，那段时间妈妈很开心，我也没有太不开心。

女皇时代 4

家中名人真的不少，想想自己最多也只能说有个人名罢了。不过说实话，我倒没有什么愿望出名，而且我的性格还真不适合成为公众人物。

爷爷徐兴业这个名字在文学界不会陌生，《金瓯缺》倾注了他一生对历史、文学的热情和对奶奶的爱恋及不舍。它最终被众人喜爱，被权威认可。能获茅盾文学奖一直是爷爷的心愿，可惜当《金瓯缺》1991年荣获第三届茅盾文学奖荣誉奖时，前一年过世的他没有机会亲手领取这份荣誉。

领奖那天北京传了佳话，一个十几岁的女孩和一个八十几岁的老人共同走上了领奖台。那女孩是我，和我一起的是当时另一位得奖作者萧克大将军。

想想当时替爷爷去领奖的经历也真的是不可思议。那个场面聚集了多少文学界大咖。和我一桌的有路遥、霍达、程乃珊等著名作家，但有趣的是我当时根本不知道他们是谁，整桌基本都是我的市面，班门弄斧地发表了很多自己的见解，还为得到很多赞赏洋洋自得。现在想想那些名作家一定是以我为乐了。

叔公的离开，外婆的过世，让我人生第一次尝到了生离和死别的滋味，但是当时还有一个爱我的爷爷，他是我受到委屈时的避风港，是每天陪伴我的好伴侣，当然也是爸爸妈妈有party时赶走我的好去处。

我从小怕寂寞，怕冷。我的房间在底楼，朝东，有窗的地方阳光也被遮掩了，晒不进来，阴暗潮湿，到了冬天简直就是一个冰窟。不记得我有任何取暖的设备，当时唯一能取暖的就是一个经常把我烫出泡的汤婆子。所以冬天我不喜欢在自己房间。每天下课，都喜欢躲在爷爷房间里，冬天他房间有一个大火炉，我最喜欢把一张小桌子拖到火炉边，边做功课边和爷爷聊聊天。不懂的语文历史，当然就找他解决了。由于一直一冷一热，且被火炉烤着，我的腿上一直有着一排冻疮，奇痒难忍。爷爷经常喜欢在火炉里烤几个山芋，到现在闻到山芋的焦香和火炉的噼啪声，还是会让我想起和爷爷度过的那段时光。

爸爸妈妈从来不管我的功课，都是爷爷负责我的默写、背书等杂活。长此以往，在父母眼里，好像已理所当然。记得有一次爷爷有事让我找爸爸去背书。爸爸妈妈正好有朋友聚会，我上去找爸爸，妈妈马上说让我找爷爷，我说爷爷没空，爸爸拉起我的手冲到爷爷房间，"义愤填膺"地对爷爷说："她是你孙女，你怎么可以不管她功课呀。"

爷爷气得把跌落到鼻尖的眼镜一推说："她是我孙女，那她是你谁？而且是我一直管着她，我是今天有正事要处理，难得让你管一次，你在上面开心玩乐，居然还好意思来兴师问罪?"爸爸一听,也不好意思地笑了起来,于是决定自己留在爷爷房间给我默词语了。"红丹丹(彤彤)的丹字怎么写?"我啊了一声,一脸迷茫地看着爷爷。爷爷在旁一听,头摇得像拨浪鼓似的:"好了,好了,让你教也是误人子弟,你除了画画还能干什么,走吧,我来吧。"我也不知道爸爸到底是有意的还是无意的,从此以后爷爷再也没敢叫爸爸给我复习功课。

　　叔公在时,家中三个和尚一直把妈妈视为中心,妈妈早已被他们宠坏。爷爷在外是一个大作家,倍受尊重,在家却不得不受点媳妇和孙女的"气"。当然我说的受气并不是我们对爷爷有任何不好,而是妈妈特别爱恶作剧,也许是遗传,或者是从小受她影响,我在学校也是恶作剧的代名词。那爷爷到底遭受了怎样的待遇呢?

女皇时代 5

父母朋友的聚会我总不会有份参与。放学回家后,我都是在爷爷房间做功课,所以他有朋友来,我名正言顺地就成了一分子。我喜欢这样的热闹,虽然当时我也是似懂非懂,但喜欢他们谈论的内容和那种充满文学气息的氛围。

来的人有的是爷爷的学生,有的是他出版社的同事,还有的是著名大作家。不同于父母的朋友,出于对爷爷的尊重,加上初次见生人时不吭声,长着一张看似无辜娃娃脸的我很容易被误认为是一个乖巧、文静的小公主,爷爷的朋友一开始都很接纳我,但是当他们成为常客,我的爱捉弄人、小魔鬼的本性就会暴露无遗。

可怜的爷爷,在外面受到多少人的崇敬、爱戴、尊重,在家却要承受一小一大两个女人的"作弄"。

三岁看到老,的确有道理。第一次让爷爷差点心脏病发作就是在我3岁,当时爷爷从外面回来,只看到我躲在角落,一脸做了坏事的样子。看看房间没明显摔坏的东西,爷爷也没当回事,但他走到书桌边,发现他装治心脏病药的两个药瓶不见了,他马上意识到我可能会误吃了他的药,急得大声叫爸爸妈妈送我去医院。一家人冲到我身边,一看我嘴边都是糖印子,然而满地都是吐出来的药。他们才意识到,我吃了爷爷那有糖衣包裹的药,当糖衣耗尽,我就把那苦涩的药吐了出来,就这样把一整瓶药的糖衣全部消灭了,剩下一地那一颗颗被舔得完全赤裸的药心。看来爱甜怕苦的本性救了我一命,但由于受了惊吓,爷爷的心脏痛了好几天。

如果那是我年幼不懂事,那后来的捣蛋,现在想想的确有些愧疚,那时要是懂事些,爷爷也会省心很多。

人来疯当时对我来说是常态,也许是平时太孤单,人一多,我就特别兴奋。爷爷一有客人,我的事就开始特别多,他们谈话,我就不断有功课要问,或者肚子饿了要吃东西,记得长大些,就开始学会在爷爷来朋友时讨零花钱。这些爷爷也都迁就着我。但他最怕的就是一件事。

爷爷喜欢下围棋,那时写《红日》的吴强爷爷经常来家和爷爷切磋棋艺。我呢,总觉得他抢走了爷爷的时间,我不断在他们身边跑来跑去,还大呼小叫不让他们安静。看他们还是专心致志在那里一个棋子一个棋子地下,心里越变越"黑暗",我的绝招就是当他们下到最紧张时假装看他们下棋,趁不注意把他们的棋盘翻个底朝天。两个老人一两个小时功夫的较量毁于一旦,爷爷那气愤的表情,和吴强爷爷那句"这个小家伙皮得像个男孩,看来要到16岁才能有个女孩样"的无奈总结,到现在还是历历在目。从那以后就不太见吴爷爷来下棋了,我想他们一定是为了躲避我这个小魔头另选地点了。

爷爷一直非常宠爱我,那条连衣裙是我当时最喜欢的

由于我的捣蛋,吴强伯伯(《红日》作者)把围棋战场转移到他家

下棋没学会,满脑子鬼点子

我从小不缺创造力，经常会有奇思妙想，一个人时喜欢设计一个场景，把自己放入不同角色自言自语。记得小学时和同学走着去学校，他们就会让我讲故事，我居然可以边走边编出故事讲给他们听，那并不是我看过的书或知道的事实，纯粹是凭空想象的故事。现在想想可能这也是我经常孤单一人，通过想象来娱乐自己的一种方式吧。

但这个天赋我没有用在好的地方，爷爷再一次成了受害者。我在家里一次次得罪了爷爷的客人，爷爷都不好意思再请他们来做客，只能经常去拜访他们，但是由于我父母基本每天都有"重要"活动参与，爷爷肩负着看管我的责任，他不得不怀着侥幸心理带着我这个定时炸弹，提心吊胆地拜访他那些文质彬彬、温文尔雅的朋友们。他知道我初次见生人总能安静一段时间，所以，他基本把拜访时间控制在一小时，这样也算控制了局面。

有一次爷爷带我去了他的老朋友家，谈了一小时左右，准备离开，他朋友儿子正好回家，他和爷爷一样也是棋迷，便拖住爷爷下一盘棋。爷爷不放心地看看我，他老友说没关系，他会带我玩。虽然爷爷总有预感我这个捣蛋鬼会搞花头，但是棋瘾难忍的他还是没有经受住考验，坐下来开始和老友的儿子下起了围棋。

可怜了那七十多岁的老爷爷，一会陪着我跑，一会背着我走，还要爬着和我一起做狗狗。终于我开了大恩说让他躺在床上，精疲力竭满头是汗的他二话没说地躺在了床上，看着他累得闭上了眼睛，我让他不要动，说要他配合我演电影，然后抓起边上的毯子，从头到脚把他遮了起来，居然在边上哼起了追悼曲，开始三鞠躬，然后假哭着说你走得好惨呀。我的"嚎啕大哭"惊扰了老爷爷的孩子们和爷爷，他们冲进门里，只看到我在那里对着他们父亲举行追悼仪式。他们简直不敢相信自己的眼睛，爷爷气得都喘了起来，马上过来一边把我拉开，一边不断道歉，老爷爷无奈地摇摇头说没事，童言无忌。现在想想，他们可是一个非常传统的宁波家庭，对这种事一定很忌讳。至于我为什么会那么做，我也不知道，也不记得了，可能是看了什么电视，想要亲自尝试一下。后来爷爷再也不敢带我去他们家。现在觉得自己也够荒唐的了，不过5岁也实在不懂事。

爷爷在须忍受我捣蛋的同时还须面对妈妈的"作弄"，那又会是怎样的经历呢？

记忆中爷爷就是这个样子，我这么调皮欠揍，但是他从没舍得打我。

女皇时代 6

在妈妈极权统治下的我早就培养出了察言观色的本领，其实我能对爷爷为所欲为地捣蛋，也是从妈妈这学来的。

妈妈少女时代就来到宝庆路3号，在成为这个家媳妇之前，早就被爷爷和叔公当成了他们从没有过的女儿，被宠坏的妈妈在家里只要想得到的就没有做不成的。妈妈折磨爷爷的手段比较"毒辣"，有时不乏有"勒索"之嫌疑。

爱美之心人皆有之，爷爷为了爱情坚持单身了大半辈子，但他毕竟是男人，当时刚开放，妈妈订了一些女性杂志，每次都是爷爷去信箱取邮件，这些杂志必然先入了他手。他有时也会随手翻阅几页。有一次他把杂志交到妈妈手里，随口问妈妈看完后是否能把这本杂志卖给他。妈妈一开始觉得很奇怪，其实爷爷完全可以问她拿着看，为什么要买？于是她翻了几页，看到其中几页有几个美女的特写，她马上知道爷爷的用意了，当时她就准备作弄爷爷了。首先她问爷爷为什么要买，她当然知道爷爷不会直接说是为了那几页美女们，爷爷的确搪塞地说是其中有一篇文章他写作需要。妈妈说这期是她特别喜欢的，所以要五元（当时五元可以买好几本这样的杂志），爷爷明知被宰,但还是同意了,就当是给儿媳妇的零花钱吧。你们一定会问为什么爷爷不干脆去外面买一本,要知道爷爷是一个比较传统的人,当时那个年代,要一个大作家放下面子跑到小贩那买一本女性杂志是一件不容易的事,而且他也不知道哪里有那本他要的杂志,所以问儿媳妇高价买也值得了。

妈妈的手段真是高明,这样的杂志平时她一天就看完了,但由于她知道爷爷也等着看,她看的速度突然慢了起来,好几天还没看好,等了几天的爷爷催了几次,再加了一元"加急费"后,妈妈终于把杂志给了爷爷。爷爷拿着这本天价的杂志急急匆匆地回了自己房间。

我还在仰慕妈妈高明的"挣钱"之道之时,看到妈妈嘴角那丝"狡猾"的微笑,就知道事情不会这么简单结束。

没过几分钟,只听到爷爷房间传来一声声叹气声,没多久爷爷就上楼责问妈妈了:"我花了六元买你一本看过的杂志,怎么其中几页还被撕了?"妈妈假装不知道,惊讶地问:"你要的那写作需要的文章都在呀,我只是剪了几张无关紧要的照片呀。"看着爷爷那哑巴吃黄连气呼呼的样子,忍不住大笑起来。然后说如爷爷需要她"收藏"的那几页,那就需再付四元"损失费"。就这样工本费加急费损失费的,爷爷最后大出血十元买了本几毛钱可以买到的杂志。嗨,真是英雄难过美人关呀。

爷爷经常有学生来访,妈妈也很快了解了哪些是爷爷喜欢的学生,所以每次他们来之前总会要一笔"不干扰费",也就是保证我这个小恶魔在他学生来时不去捣蛋。

爷爷看着钱囊一次次被清空，想想惹不起总躲得起。有一次爷爷和他最喜欢的学生约好在书店见面，我这个小奸细听到他们电话确认，就向女皇汇报。于是我们又开始策划"勒索"计划，没人来家里，我的捣乱也就没有威胁性，但是这并没阻止我们的想象力。妈妈知道爷爷有个特别的恐惧，说来奇怪，爷爷特别怕洋扣子，其实就是一粒塑料纽扣，但是爷爷特别害怕，他每次看到这扣子总躲得远远的。

知道爷爷要出发的时间，妈妈把洋扣子挂在一根根线上，然后让我把它们吊在各个门口。爷爷兴致勃勃正准备出门，看到那些洋扣子不禁一声大叫，让我把它们取下，我却在一边幸灾乐祸地大笑。不得不承认这就是所谓把自己的快乐建筑在别人痛苦上的确切表现。最终，爷爷以一个扣子一元的代价才出了门。妈妈的这种外快倒是细水长流地维持了很长一段时间。那时对于我来说倒也有特有的家庭气氛，现在想想还会让我微笑。但是对于爷爷，一定是很爱我们才会如此容忍我们的胡作非为。

亲爱的爷爷，你知道我真的想对你说对不起，对不起，我当时是那么不懂事，希望你在天堂原谅我。

冬天

嘟……嘟……嘟，闹钟穿过那条覆盖在我全身重重的、带着湿气的被子还是觉得很刺耳，一阵灼痛把我完全从睡梦中粗暴地唤醒了，这种痛已是家常便饭，是那个我又爱又恨的汤婆子，爱的是因为它是冬天在这个又冷又湿的房间里唯一取暖的工具，恨的是很多次都把我烫出一个个大水泡。

我的房间是整栋楼最阴湿的一间，周围的小高层对底楼朝东这房间的遮挡让我对只有在早上才会有的阳光也可望而不可及了。冬天的早上房间简直就是一个湿漉漉的冰库。为了减少早上穿衣那种刺骨的寒冷，我晚上是穿着棉毛衣裤睡的。深夜湿冷的空气把我的鼻子冻得发红，我养成了把头蒙在被子里睡的坏习惯。很长时间我额头一直有两条淡淡的黑线，那是我喜欢睡觉把额头顶在墙上，那房间的湿气把墙纸上的图案印到了我的额头上。所以我从小就讨厌冬天。

穿好衣服发现大姨妈不受欢迎地来了，那时伺候大姨妈的就是一条长布和一种特别长的卫生纸，所谓"特白"卫生纸，好听些叫草纸，难听点该叫砂皮纸，和现在的柔软纸巾完全是天壤之别。当时出了一种叫卫生巾的新品，看到妈妈买了放在抽屉，感觉一定会很好用，但是她没同意给我用，就像她没有给我房间配备任何取暖设备一样，"小孩可以吃点苦"，一直是她的理由。

吃完早饭，带上两个铁饭盒，一个装的是生的米和水，一盒装的是菜，这是早上要放在学校大蒸锅上的午饭。和家人告别，开始我的一天。

现在的孩子一家人接来送去，我很小开始就自己走到学校。去学校走路要20分钟，途经上方花园叫上几个同学作伴，路程就不会觉得很远。记得那时同学最喜欢的就是让我讲故事，我也居然能在几分钟之内编出一个比较完整的情节，让他们在不知不觉中就到了学校。

早操，上课，到了休息时间，跑到对面小店买一包1角的香葡萄，偷偷在上课时候塞到嘴里，那时的幸福就是那么简单。

放学如果没有排球队训练，在学校弄堂口买一个三两的羌饼，就去上方花园和男生踢足球、打弹弓，假小子的我一直不喜好跳皮筋和踢毽子，男孩的运动更能激发我的热情。每天弄得灰头土面，脏兮兮地回到家里。

回到家总喜欢直接到三楼父母的房间，也许那时很希望能黏在他们身边，或许是那间朝南房间的温暖一直吸引着我。"妈妈，我回来了。"我蹦蹦跳跳地走到门口又看到了他。不知何时他已成了我家常客，他是爸爸画画的朋友，和爸爸许多艺术家朋友不一样，他长得有点粗犷，浓密的头发，倒挂的眼睛。没有客人的时候,我还能在父母房间待上一小段时间,这个人的经常出现剥夺了我已经很少的特权。我的心里不禁有点记恨,不过他对我倒很是客气。我不声不响在角落的小椅子上坐下,好像这样地蹑手蹑脚就不会引起他们注意,我就可以多待一会儿,这个伎俩显然毫无用处,妈妈很快对我下了"逐女令":"去做功课,别老是挤在大人堆里。"我被赶出了房间。

还好有二楼的爷爷,他永远是我忠实的备胎,父母这得不到的爱,总在他这里能得到补偿。爷爷这有一个大火炉,我习惯性地拉着一个茶几和小板凳坐在火炉边开始做功课。爷爷也成了我有问必答的老师。我房间的冷和火炉近距离的热使我的大腿边长满了冻疮,又痒又痛,但刺骨的寒冷让我离不开那能给我温暖的火炉。

晚上8点半到了,我理好书包,到楼上浴室烧水洗澡,那时没有淋浴,我们有个大浴缸,有样叫浴罩的发明拯救了那个年代很多需要冬天洗澡的人们。我有个本事,就是在对自己不利的条件下尽量会找些办法让自己舒缓一点,为了让房间再热些,我打开烧热的两个水壶的盖子,让蒸汽充满浴室,然后再加冷水,这样烧上1小时就成了桑拿间了,不过这样的操作被母亲发现,说我浪费水和煤气,后来不允许每天洗澡。我知道那个时期很多人三代同堂,能一周洗一次就不错了。这点我不得不承认是有点宠坏了,我希望每天都洗澡,不洗就睡不着,为了争取洗澡挨揍也不是一次两次了。

国际饭店,1997年,40×55cm

洗完澡趁着余热，赶快下楼，钻进那个被汤婆子焐热的被窝，听几首爸爸编辑的外国抒情歌曲，带着一脑子懵懵懂懂对生活的憧憬进入梦乡，等待我的会是怎样的明天？

简单的幸福

我最初的记忆充斥着家人对我的爱。爷爷、叔公、爸爸、妈妈、伯母、堂弟，家中你一言我一语的嘈杂，上下楼梯的吱吱嘎嘎，我和堂弟的嬉闹追逐为这个家注入了无限的活力。宝庆路3号这曾经辉煌但已破旧没落的老宅好像返老还童似的牵着我们这些孩子们的手，跳起了久违的探戈。

快乐的时光总是转瞬即逝，1980年初叔公去了美国，伯母去了安徽工作，堂弟寄放在亲戚家，难得回来一次。家中日渐冷清，不过叔公在美国找到工作后第一件事就是给家里寄钱，家中的条件明显地在改善。

现在回想小时候生活条件也真的不算很好，但是当身边朋友三代挤在十平方米，用着手提马桶，一个月都不能洗澡时，我那间被我整天埋怨冻如冰窟的25平方米的房间，和那瓷砖脱落、地面不平但有着抽水马桶和浴缸的卫生间已是人间天堂。

当时不懂事的我总是嘲笑那些身上有着异味的同学，因为洗澡在我眼里是天经地义的事，却不知道每周一次澡堂的费用不是每个家庭愿意或者能够支付的。

记得第一次去同学家，面对那又窄又陡的楼梯我是手脚并用爬到了楼上。地方小得连转身都很困难，当时一个显眼的红色容器引起了我的注意，好奇地准备打开看看，被同学粗暴地阻止了，那次是我第一次知道什么是手提马桶。想到同学的居住环境如此恶劣，还需要每天提着马桶去粪池，突然觉得房间冷些、卫生间破些好像都不能算什么事了，那时觉得自己还是幸运的。

叔公去了美国后，纸糊的家具换成了板材，椅子变成了沙发，家中多了两辆凤凰牌自行车。华侨商店成了妈妈经常进出的地方。

有一段时间，我们经常拜访父母的介绍人何妈妈家，其实是妈妈爱上了他们家的电视机。我们一周会去两到三次，到了那里妈妈居然还要指定看哪个节目，弄得老夫妻只能陪着我们看妈妈要看的电视，有时要到晚上10点才回去。我多半是早就在他们床上睡着然后被叫醒回家的。慢慢的，我们拜访的申请不是每次都被接受了，上了瘾的妈妈，决定为家里添置一件在当时是非常贵重的电器。

当时哪怕用票，一台电视机的价格也是一般工人一年的工资，对于普通老百姓只能望尘莫及。由于叔公每月的汇款使得我们成为先"富"起来的一部分，不过这毕竟是一笔大开销，所以购买的过程也必须要有仪式感。

购买当日，父母约上好友夫妇拿好侨汇券带上现金一起去了华侨商店。家里另一对好友夫妇准备着待会儿看电视时吃的食品，我则拖着爷爷在门口等候。终于看到了远处的父母，大家像迎接新生儿那样激动不已小心翼翼地打开包装，放到了早就准备好的桌子上。插上电源，当看到电视机那端的影像时，大人的笑声小孩的拍手声融在了一起。那时的幸福就是那么有冲击力。

过年

过年的感觉一年不如一年了，从儿时的兴奋期待，少年时的可有可无，成年后为长辈而为之的无可奈何，直到失去父母后过年让我感觉孤单和心痛，但是从来没有想过把惊恐和过年连在一起——直到2020年。

每天关注疫情的发展，心乱如麻，甚至有点忧郁。与亲人阴阳两隔只有身临其境过才能感受那种撕心裂肺的痛，更不要说在这种情况下还要承受绝望的恐慌。天灾人祸面前才会觉得自己的渺小。我们每个人能做的就是划一根火柴，虽不能雪中送炭，但是也希望在黑暗中让人们有一丝温暖。我给大家讲讲小时候记忆中的春节，让大家跟着我的文字回到那曾经如此让人期待的时光，希望美好的回忆能换来一丝同感的微笑。

妈妈是一个很会营造气氛的人，春节当然是她大显身手的时候。春节前几天便是全家的清洁大行动。待过老洋房的朋友应该知道，老房子的清洁实在也是治标不治本，我的房间窗口有着锈迹斑斑的铁栏杆，窗台上都是被灰尘不断填满的裂缝，抹布好像只是把灰尘从这头撸到了那头。墙布上斑斑驳驳的黄色印渍见证了多年的阴湿。我房间的地面也一直会返潮，灰尘加上潮湿，很难一尘不染。虽然有阿姨，但是我不记得阿姨打扫过我房间，基本都是自己清洁整理的。擦灰、拖地、整理橱柜，忙得不亦乐乎。家里还请了弹棉花的人把所有棉被弹一遍，晒上太阳，换上新被面，晚上睡觉闻着太阳的味道特别舒服。

清洁工作完成后就是购年货，鸡鸭鱼肉、火腿腌肉都是年夜饭必备品，糖果瓜子、猪油年糕都是看春晚的助兴物。

平时孤单惯的我喜欢看着家人忙东忙西，平时父母的热闹与我无关，但是春节的喜庆有了我一份。

记忆中，年夜饭的冷菜少不了熏鱼、皮蛋、花生、烤麸，红烧划水、墨鱼烤蛋、黄鱼鲞烧肉等是我到现在都怀念的热炒，当然一个砂锅粉丝汤也是必不可少。一家人围坐在一起的那种快乐，现在只有在梦中才能感受。幸福往往是在失去后才被认可为幸福，那时觉得是理所当然。

我们的年有所不同的是晚饭后父母的好友会陆续到访，一般是那两对夫妇，他们是来和我们一起看春晚的。爸爸和我其实都不喜欢春晚的内容，爸爸一直抱怨节目的土气和枯燥，我呢喜欢的就是这个热闹，吃着零食，看着电视，挤在平时被排斥在外的大人群里，心里美滋滋的。

最兴奋的就是等待零点的到来。妈妈特别喜欢烟花，每次过年她都不计代价会买各种烟花，手上拿的吐珠类、地上放的旋转升空类、往上蹿的火箭类、左右转的旋转类，应有尽有。

我们也有着完美的场地让这些烟花绽放美丽。

　　看完电视,穿好厚厚的棉衣,大人小孩搬着一箱箱烟火前往花园,看着那火花四射的天空,那被烟火照亮的一张张家人、朋友幸福的脸蛋编织了我那儿时的梦。

爸爸笑话集

一般人眼里的艺术家总能和风流潇洒、浪漫温柔、倜傥不羁联系在一起，但是和艺术家们深度接触或生活过的人往往感受到的是：衣冠不整、心不在焉、稀里糊涂、不拘小节、与世隔绝。被家人保护长大的爸爸把这些艺术家的陋习演绎得淋漓尽致，但是他生性快乐、没心没肺，打不还手骂不还口，一脸无辜，使人哭笑不得，最后也只能摇头了之。

从小保姆伺候，爸爸的双手除了画画基本不需做任何别的事，他的家务能力最多相当于一个 10 岁的孩子，而且还是那种动手能力不强的孩子。所以那种拿着刀背切瓜、切不下来还怪刀钝，寄信要么忘了贴邮票要么忘了塞信纸，穿着绣花拖鞋出门，把姐弟恋夫妻的那位老公当成儿子的事屡见不鲜。小洋相基本天天有，大笑话也是以月供应，源源不断。我就给大家说几个我印象深刻的吧。

电影票

爸爸妈妈非常小资，哪怕在那个艰难的年代，他们总是尽量营造出一些浪漫场景享受生活。80年代改革开放，电影重返市场，热门电影一票难求，他们利用各种关系才能看到想要看的片子。

那一次他们拿到了当时炙手热片的两张票子，几经周折换了几辆公交终于到站了，站在车门口的爸爸跳下车就吹着口哨飞快地往前走去，根本没有注意被人群阻碍后下车的妈妈。妈妈下车走了几步还来不及叫住前面走的爸爸，一下子被一群人围住，妈妈不知道发生了什么，只知道所有人都在问她有几张票可以出售，她看着他们莫名其妙，有点气愤地问他们："谁说我有票？"他们统一指着前面那个还在摇头晃脑享受着自己吹出的音乐的老爸的背影，说："他说你有票的。"妈妈把那些黄牛赶走后，气呼呼地赶上爸爸大声责问："为什么和黄牛说我有票？"爸爸一脸委屈抓抓自己的头无辜地说："我哪能晓得是黄牛？伊拉问我票有哦，我以为是电影院检票额，票子叨嗨侬格得，我就点点后头额侬，伊拉就过去寻侬了。""你倒是告诉我哪家电影院跑到车站来检票？"妈妈还想和他理论，但是面对一脸做错事、耷拉着脑袋的爸爸，也只能又恨又好笑地捶了他两下收场。

幸灾乐祸

爸爸对人一般和气，但是家族中一些所谓家人经常盛气凌人，态度恶劣。特别是有一个爸爸的舅舅曾是太外公最宠爱的儿子，所以自以为是，骄横跋扈，后来连他家人都受不了，把他赶出国外的家。他回到宝庆路3号和我们住在了一起，他的房间就在父母房间的隔壁。落魄的他非但不收敛做人，还对我们呼来唤去，但是他就服一个人——我妈，在我妈面前就会对我们装得比较客气。爸爸和我非常讨厌这个亲戚。

妈妈当时还在钟表厂上班，一天上班之前，她炖了一锅红枣莲子羹，千叮咛万嘱咐要爸爸过一小时关火。忙着录音乐的爸爸满口答应，还让妈妈放心去上班。

妈妈当时上班很远也蛮辛苦，上班八小时，路上还要两小时，总算到家想洗个澡，吃一点自己做的甜品，但是回来后爸爸不顾一脸疲倦的妈妈，不让她先洗澡，把她一把拖到房间神秘兮兮地说一定要和她说一件很好笑和解气的事。妈妈无奈地瘫坐在沙发上，半休息半听，爸爸却神采飞扬地讲述着今天的战绩。"你知道哦，今天这个老头看来馋虫犯了，居然自己煮了一锅什么东西，我经过时看到，本想关小火，但是想到他那凶神恶煞的嘴脸就让它去，后来闻到一股焦味，听到那老头急急匆匆去厨房还大叫了几声，特别解气。"他还在自我陶醉时，妈妈突然从沙发中跳了起来，冲到厨房，一锅当时要用票买的食材全烧焦了，焦味四溢，自己喜欢的锅子的底也烧穿了。这时老爸也赶到厨房得意洋洋地说："帮你讲就可以了，你还要自己检验一下呀？看到哦，结棍哦，锅子底阿烧穿了。"妈妈已忍无可忍，劈头一顿臭骂，此时的爸爸才想起原来自己把妈妈的关照忘得一干二净。"就算不是自己的东西，你为了出口气,就不怕把家弄着火了吗?"其实对于一个整天脑子里只有音乐和画画的爸爸,最好不要托付任何重要事情,他的思路和常人不同,常人的逻辑和他解释完全无效,他马上认错,不是接受了你的逻辑,只是想尽快息事宁人,避免冲突。爸爸这种洋相听起来好玩,但当事人是要被气死的。

兔唇

爸爸举办的周末舞会变得越来越出名,人传人,人带人,后来基本半数以上都是陌生人了。

一次有个朋友带了一个陌生人走进客厅,由于嘴唇有些缺陷,引起了爸爸的注意,趁那个人上卫生间,爸爸拖住自己朋友问:"这人长相有点奇怪,哪里来的?"那个朋友顺口就说:"这个人兔唇,在某银行做高管。"刚要再继续介绍,爸爸就被一群美女拖着去跳舞了。跳完舞,朋友带着那个陌生人来到爸爸面前,介绍道:"这就是徐老,这里的主人。"还没等到他介绍对方,爸爸突然很热情地说:"你在银行工作吧,'兔唇'先生?"正在庆幸自己记忆不错的爸爸搞不懂为什么对方脸色一阵红一阵绿,还不知趣地问了一句:"你没事吧,脸色怎么不太好?"爸爸的朋友尴尬地岔开了话题。那个陌生人很快离开了。爸爸的朋友送走那人后,气呼呼地打断了爸爸和美女们的应酬:"你怎么能当面叫人绰号?太不礼貌了。"爸爸一脸懵懂:"你不是告诉我他是土诚(上海话和兔唇同音)吗?他名字不叫土诚吗？你不说清楚我怎么知道？"他朋友的下巴垂到了胸口，傻傻站了很久。爸爸又没事人似的去跳舞了……

爸爸：虽然无数次成为你不拘小节的受害者，但是现在回想起以前的一幕幕，还能让我由衷地笑出声，爱你，想你。

插叙

我父母的某些决定或一些行为其实很大程度上改变了我的命运，是好是坏你们看了自会有结论。妈妈去美国时是可以带我一起去的，那时如让我过去读高中，上大学，依我的性格会很快适应融合的，但是妈妈没有勇气冒这个险，她把我留在了国内，这我还是能理解她的顾虑。

在我年龄限制即将到期时，妈妈只需申请加急，我还是可以两年内出国，但是她没有。当然大家说那时你妈妈不懂那里的法律，但是有多少移民的父母连一个英文字母都不懂还是把孩子准时接到了美国，那是因为如果你真的想做，不懂可以请律师，可以问。所以我的理解是，妈妈一开始的确很寂寞，想我去，但是两年后我是否在她身边对她来说并不那么重要了。没有申请这个加急签证的代价是八年的等待。

那是充满各种可能性的八年，经历了很多第一次。我大学毕业，马上进入世界500强外企，本来需做6个月前台的我，被老板直接派到业务部做业务。在当时最高档的办公楼上海商城办公，有一份当时很多人羡慕的工作，还有一个当时认为不错的男友，有自己的社交圈，周末晚上喜欢把自己打扮得与众不同，在爸爸的舞会中闪亮出场 20 分钟，尽情享受公主待遇。

那是摸索、寻觅自己的八年。看到一则模特公司的招聘广告，抱着好玩的心态参加了面试，没想到一轮轮考核后竟然收到他们所谓"千选一"的录取通知。欢喜之余发现自己完全不能在此圈生存。耗时的培训使我赶不上大学课程的进度，所谓同行的女生，都是笑里藏刀、互相妒忌，遇到培训老师更是讨好献媚，心机不断。可想我这种大大咧咧、不屑巴结、没心没肺的性格在里面完全没有立足之地。

但是至少通过这个公司，也算经历了一些值得记忆的有趣事情。当时电视台有个节目叫快乐大转盘，虽然说是由观众抽奖产生一个梦想成真的名额，其实都是内定。那次节目的主题是为一个想到西双版纳的女孩圆梦。电视台到我们公司选人，公司当然推荐了很多他们的"得宠"模特，我和其他几个只是跑龙套凑数地被推到了面试官面前。那些内定的都是浓妆艳抹、精心打扮，我们这些没有背景不会拍马的配角，由于没有事先通知，也就基本素面面对，充个数而已。面试后明知没希望，也没多想就回家了。没想到几天后，公司把我找去告诉我我被选中，要我准备好和剧组一起出发。他们吃惊的程度不亚于我，当时我不知道为什么他们选中我，面试时我没有任何优势。不过后来想想，可能当时知道自己也不会被选上，反而从容淡定，加上我本不会做作，假小子的性格反而吸引了他们。就这样随着剧组一起踏上西双版纳之旅。任燕是当时的主持人。那个公司所有的不好至少换来了西双版纳令人难忘的泼水

初到美国的我

我与三菱同事

出国后每年都回家探望父亲,父亲一直会在不同场合开画展

节，丛林密布的原始森林，和那烟花四射、十指紧扣的经历，也算值了。

公司看到电视台选中我之后，居然说他们大老板决定包装我，要我晚上和老板见面。其实那时我已知道自己是不想在这样的环境工作了，但出于礼貌还是去了。那个所谓香港老板列出了很多他们对我的计划，但是他的热情超出了我能接受的程度，我开始不友好，经理马上把我拉出去，说你怎么不知道把握机会，你这样不配合，别说是包装你，还可能开除你。我气愤地告诉他，如果我事业的发展是需要靠巴结别人，做自己讨厌的事而得到的，那他们不需开除我，因为我马上自己解除和他们的关系。从此远离娱乐行业。

尽管那是值得纪念的八年，但那也是生活完全不确定的八年。我放弃了上海交大深造的机会，只因觉得自己在去美国之前完成不了所有课程。第一批进入外企，拿到信用卡的我如不是考虑到自己要离开，会不假思索买一栋属于自己的房子。后来在上海第一家整合营销公司做 AE，当时被我骂笨得要死的手下，居然后来成了某出名广告公司的 Director，如果不是在做了两年后为了去美国辞了职，我应该会在这个领域有所发展。每个和我恋爱的男孩都是需要勇气去接受一份没有结果的感情，因为我明确和他们说我是不能结婚的。那时的我没法 100% 享受任何乐趣，因为知道总有一天我会远离。

就这样，八年后，在我已不想出国的心态下，等来了那迟到已久的签证。

回头看看，自己年轻时选择男朋友的眼光的确是值得反省的。可能是一种反叛。在宝庆路3号看到这个所谓有钱大家族人性的冷漠和丑陋，使我从小内心排斥有钱人。他们的虚伪、自以为是，是我最不能容忍的。所以当时的我一直在寻找一种纯精神的爱，越喜欢的人，越不能接受任何物质的干扰。任何贵重礼物，都觉得是对爱情的一种亵渎。这也决定了我无意识选择了很多"问题"男友的归宿。我需要成为那个能提供帮助、那个解决他们问题的"救世主"，这样我才能感觉到爱的无私，才能觉得不会失控。

我去美国之前有一个男朋友，我认识他时，对他的背景不是很了解，只知道他刚从国外回来，长相有点粗野，决不是白马王子之类，但是高高壮壮，那带点坏坏的幽默，一直是我当时的死穴。他住在他朋友租给他的公寓里，我时常去他那里看他。他的那个朋友也是我爸爸的朋友，当时已非常有钱，此人认识我很久，其实一直暗示想我做其女友，但他的自以为是，和内心把女人当附属品的品性让我更加深了对有钱人的偏见，加上和我六冲的他，喜欢的事物和世界观与我更是大相径庭，所以我一直以自己要出国的理由告诉他我不会考虑谈恋爱，我们只是朋友的关系。当他知道我和那个他不屑一顾、有点吊儿郎当的朋友正式交往的事实后，马上把我男朋友赶出了他出租的那套公寓，没有提前30天，哪怕20天，而是几天内他必须搬离。人只有在这种时候才能看见本性，大气的男人经历风雨也还能保持基本人性，但是愤怒遇到小心眼，那么后果一定不很漂亮。

一开始我担心的是几天的时间不够找合适的房源,等他和我讲了自己的情况才知道,与紧凑时间的问题相比,他的经济状况才是令人担忧的。

我从小很讨厌别人在我面前吹嘘自己多有钱,但现实生活中遇到这种摆阔豁胖的人,也不是每次都能站起来就离开的。所以我养成了一听到吹嘘,脑子就自动不去接收这些信息,开始思想分散,转移注意力。

我和他好的时候,只知道他从国外回来,完全不知任何底细,而且只想寻找纯感情的我也不会在乎他的过去。

我们分手后,有一些不了解我的朋友说,你那个男朋友当时在外面吹嘘自己在国外多有钱,你当时和他交往是否有考虑这一点。我笑笑说:"要是我是为了这点和他在一起,那我会两年间,早出晚归在外工作,他住我家,一切消费由我负担吗?"

仔细想想,我们交往两年,我对他的过去真的可以说是完全不了解。在交往没多久时,他的确和我说过他当时在某国和搭档开服装连锁店,给我看了些他们公司直升机的照片。这些虚无缥缈的东西,我只是敷衍地一看了之,也真的没有当真。

有着四分之一欧洲血统的我,从小到大一直觉得自己和同伴不同,有着过剩的激情,感性到不被人理解。可悲的是摩羯的我,洞察力、感应力都很强,其实很快就能看穿表象,感觉到现实。很多时候不是不知道,只是不想去知道而已。

所以凭直觉,当他告诉我他那些辉煌的过去时,我就知道背后一定有别的故事，但是我也不想追问，因为这些当时对我都无关紧要。

当我正准备给他找地方时，他和我说了一个更加神奇的故事，具体也记不起了，大概是他在那里惹了一些祸，其实是出逃回来的，由于一些原因他的护照回不去了，搭档说想办法，但是也联系不到他，所以资金暂时都出不来，等等等等。

我最头疼的就是很多"热心肠"的人会问，你当时怎么不问问清楚，很多地方都不能自圆其说，你被骗了。难道我真的不知道吗？我也许疯狂，但不愚蠢。说实话，如撇开感情不说，凭我摩羯的观察力，和我理工出身的逻辑性，那又有多少男人能通过这样的推敲？十有八九一定会有这样那样的问题，不是没有所谓的"好男人"，而是那时身边"好男人"基本有以下共性：缺乏幽默，过于简单或枯燥木讷，都被我收纳做了闺蜜。

言归正传，当时的情况是没有时间也没有资金去找别的公寓。那时我已辞了第一个工作，正在找工作之际。所以似乎没有选择地决定搬回家住。其实这并不是我想要的，我是想要个独立的地方，能经常回家，但是能回到自己的空间，是想能有时远离那是非之地，试试做个平常人家的邻家女。但命运似乎一次次把我推回宝庆路3号，好像我没有完成我的使命。

我的那个男友搬回我家时，他说他会把房间和卫生装修一下，当然他的钱也没到，肯定是我垫付的，只是我不记得他后来还给过我没有。不过反正我本来也想装修的，也不去计较了。

我和他接触一段时间后就感觉他并不是省油的灯，我能看出他花心的本质和不是很善良的一面。男女恋爱中，看一个人的本质不是看他对你当时好不好，而是要看他怎么对待身边的人。很多 Red Flag（危险信号），看到了也只是放在了一边。不过我们过了一段还算开心和平静的日子，原因是他当时在国内没什么人脉，所以就在家等我工作回来。

我当时在广告公司工作，选择这个工作是由于喜欢这种工作的挑战和刺激。这个公司的待遇和工资和三菱有很大差别。在三菱当时都是有司机接送，这个公司需要挤公交，而且我们做 AE 的也需要几个月体验促销员的工作，背着几百个魔方还要走路巡店一天，熬下来不为什么，就是喜欢。当然后来做项目带来的成就感和兴奋感是金钱完全换不来的。工作很辛苦，我们凌晨两点被叫回办公室开会是常事，但回家有人等还是蛮幸福的事。随着我和爸爸慢慢介绍一些人脉给他，他较张扬的性格，曾经出国和有一些天马行空的想法，他开始被发现，最终找到了一份不错的经理级工作。

然而从那时开始，他的许多缺点都明显暴露。我心如明镜，但是知道自己到美国的排期已近在咫尺，我想就不需大家点破，到时分开了也就结束了。没多久，我拿到了去美国的签证。

爸爸花了一生的时间也没有理解为什么善良换不回以诚相待。当然他是在一个真空的环境生活，一直被保护着，没有在复杂的社会里跌打爬滚过的人。可也许是基因作怪，从小就需独闯社会的我，对人也是如此不设防，自己也不知道原来一直是身体力行地遵守着美国律法的无罪推定原则，那就是我会无条件信任你是好人，直到有事实证明我是错的。就是因为这样一个原则，我被多少人背后骂过傻，自己也一次次地看到人性的丑陋，但是哪怕伤痕累累，几十年来，还是没有去刻意改变。对我来说，处处防人真的很累。

出国之前我都留好了退路。我想好，到美国后如果不喜欢，到时候就再回来。

美国机场飞机降落，妈妈带着一个朋友来接我，一路看着路边那些平淡无奇、貌不惊人、半低不高的建筑，实在和想象中的美国有很大差别。昏昏沉沉中到了湾区妈妈租的中国房东的一个侧房，上下两层，上面一间卧室，下面是厅加上厨房。房子经过妈妈的布置还是蛮温馨的，但是和妈妈分享一个卧室就意味着我会完全在母亲监控中生活，虽然已分开八年很是想念，但是以前母亲强烈的控制欲还是令我有点不安，毕竟自由了很久的我，不知道还能否接受这种管制。

每次觉得自己需要依靠别人时，我总会有很强的危机感，哪怕是自己的父母。我从来不会认为这世界上谁是应该对你好的。我不想欠任何人。其实特别不喜欢的是吃人嘴软、拿人手短的感觉。

倒完时差第一件事就是翻阅报纸找工作。没想到发出去第一封求职信，就收到面试通知。两次面试后，到美国第四天就开始在硅谷一个很大的电脑公司做文职，当然职位不能和国内相比，但是至少没有我想象中到了美国要到餐馆打工那么悲惨。

当时就算找到一个工作，如果很远的话，也不一定可行，因为我还不会开车。但是我找到的工作离我住的房子就5分钟车程，所以妈妈可以接送我上下班。

工作本身对我没有很大挑战。虽然在国内一直需用英语和日本人交流，但是到了美国，很多英语若不是住了一段时间的话，还是不能完全理解的。这个公司是台湾人的公司，但和我交接的人是老美，所以就这样似懂非懂地接手了工作。工作时我能用email就不打电话，因为电话交流是最困难的。但是有时也避免不了，几次下来也就练出来了。

新环境的适应、新工作的挑战、生活习惯的改变，对国内男友的记忆也慢慢地淡化。来之前他拈花惹草的本性已开始显现，只是我不想再去追究。我是准备好天各一方，大家就这样分开，也不失为一个不错的结束，但是他时不时的联系又让我很难决绝剪断这段已成鸡肋的感情。

很快老天就给了我个充分理由，在一个我们以前共用的email里，我发现了他给别人的情书。奇怪的是看完以后我也没有太多的难过，下载了下来，平静地合上电脑。没有想去冲动地责问，就这样继续我的生活。过了一周，他再次电话我，讽刺的是，不同于之前的冷淡，这次他充满热情，告诉我他有多么想我，想我回到他身边，我没有打断他，听他虚伪地倾诉他的谎言。最后我问他："结束了吗？你所有的海誓山盟都让我想吐。"他吃惊地问我为什么。我很平静地开始把他的情书一句句地读给他听。他的呼吸变得急促，一下子哭了出来。我告诉他没事，反正我们也不可能再在一起，所以他可以寻找他的新生活。他还是不断解释，我想我的平静是他不能接受的。

我一直没搞懂，我们已分开，他也找到新欢，我又坦然地挥手送他，给他的台阶他为什么不下？之后的日子，他狂轰滥炸，电话不断，要死要活，他和我开始恋爱时冲动过从台阶往下跳过，虽然不做情人，但是也不至于想见他做傻事，答应了他暂时不分开，我敷衍地和他耗了一段时间。

生活继续着，我的工作已步入正轨，母亲的管制让我生活得有点压抑，开始的新鲜感也慢慢消失，母亲也有自己的交际，我开始觉得自己好像成了多余之物。那时开始怀念上海生活的多姿，怀念宝庆路3号舞会的精彩，更想念和朋友们的陶情适性，我开始起了回去的念头。当然最好是美国派回去工作，但是对于刚到美国不久的我基本没有可能。

那次事件后，男友每天电话不断，但是这并不说明我原谅了他，我也只是出于无聊和他有一句没一句地应对着。真正让我有点改变想法的是有一天一个陌生人出现在我的家门，他告诉我他是我男友的朋友，他是来替他说服我的，和我聊了两小时。他说他们朋友到现在从来没有看到过他如此难受，他对他所做的一切后悔不已，那只是男人的一时冲动，他说在他看来他还是深爱着我等等等等。这没有说服我，但是的确让我有点感动。

凑巧的是我所在公司那时决定在上海开一个 Startup，我毛遂自荐给了大老板我在上海的简历，就这样上海市场总监的职位对我一个小小行政开放了。美国生活的枯燥加上一点点将信将疑的感动，我拿到了回上海的通行证。

我有个特点，真的很难记仇，也许是我没心没肺的性格，睡一觉很多事就不再很重要，怕软不怕硬。很多人都以为我回来是为了那个男友，其实我当时对他没有抱多大期望，只是他做了那么多，想再给他一个机会而已。

回来后公司遇到资金的瓶颈和管理层的混乱，使我的工作寸步难移。感情呢有过裂缝其实很难补救，对于这个本性不善的男人在我考察时期不带感情的放大镜下必然原形毕露。我不是心狠的人，多半我一定会给第二次机会，但是如果两次机会都不珍惜的人，那一定要彻底放弃。这次没有任何警告，等他看到我的分手信时，我已在回美国的飞机上。我掐断了任何联系我的方式。

他的劣性在我们分开后变本加厉。我走后没有让他马上离开，后来知道他和所有人说这是他的家，还经常带女人到我们的房间。最丑陋的是早期他没有工作，我给他开了一张信用卡副卡，我回美国后也没想着取消，有一天我的担保人电话我说银行说我欠款没还，找不到我于是联系了她。我这才查了对账单，情人节、圣诞节、万圣节等各种节日的泡妞消费全在我的账单上，而且消费的时候他已有了一份很好的工作。我电话问他："你不至于落魄到泡妞还要我来帮你付吧？"他又是各种理由，说只是借用，后来钱是还了给我，但是还要怂恿说我不必归还银行，反正我不在中国了。当时我真的庆幸没有和这样的男人再有任何瓜葛。十多年后，他由于贪污入狱七年。真是什么样的种子结什么果。

人心——是这个世界上最不可测的东西。

A 君

叔公去了美国后,找到了一个稳定的管理员工作,虽然这个工作对于一个震旦大学毕业,精通英法两种语言的叔公是屈才了,但是这份工作的收入足以让他能给予他所爱的上海一家老小的生活一个翻天覆地的改变。

很多人说妈妈去美国是为了我,我不敢苟同,但叔公去美国完全是无私地为了我们。为了让我们过上人上人的生活,他在美国过着二等公民的生活,那个邀请他去美国的姐姐本以为他可以到美国帮助她,到了后发现他们八字不合,她把所有的不顺怪罪于叔公身上,对他百般苛刻,叔公多吃一碗饭也要被这个葛朗台姐姐啰唆半天。最终叔公不得不到一个养老院做主管,那个工作事务繁多收入却不多,但是能给叔公一个居住之处。

每月面对有限的收入,叔公不但需要寄钱给我们,还寄给当时收留我堂弟的他的妹妹、那个他唯一爱过后来跟错男人发了疯的女人,还有那服务过我们家的老保姆,甚至那些我们不知道他却默默资助的人们,所以他留给自己的就是一些零钱了。他省吃俭用,刻薄着自己。每次想到叔公为我们受的苦,我总是无法释怀。

每月100美元的额外收入使家中条件突然改善，爸爸辞了生产组的工作在家画画，妈妈留职停薪在家做了全职太太。电器家具都在不断更新。家中也出现了一些新的面孔。有个长着粗犷面孔的叔叔已成了我们的常客，我们就叫他A君吧。

他是爸爸一个画画的朋友，他和一般的艺术家有所不同，他是一个蓝领艺术家，在一个厂里负责宣传。除了画画，他的动手能力也很强，不知何时他包揽了家中所有需要男人做的大小事。了解我爸爸的人知道他是一个一点生活技能都没有的人，平时换个灯泡都是妈妈或者我做的。家里其实一直缺这样一个角色，他的出现好像给了我们很多安全感。

他有着非常自由的工作时间，所以有一段时间几乎天天见到他，很多时候他都在为我们家里忙，小到维修电器，大至贴墙布、铺地毯、搬家具，我们家的装修他包了一大半。当然妈妈为了感谢，总会准备精致点心、丰盛晚饭热情招待。

我当时虽然还是个小毛孩，但是善于观察非常敏感的我从这个A君看妈妈的眼神可以知道，他那么多的付出一定不仅仅是为了那些可口的点心那么简单了。

至于妈妈很快能接受这个男人作为座上客的原因其实也不难推测：他有着一张特别的少数民族的脸，倒挂的眼帘不能算特别英俊但是有着男人的味道，一米七几的身材在我们这个看惯矮子的家庭里也算是出类拔萃了，上身长下身短的比例扣了些外表分，但是当一个前一分钟还拿榔头电钻，下一分钟可以柔情似水地看着你画出一个惟妙惟肖你的肖像的文武双全的男人，又有多少人能不动心呢？从此A君似乎就成了家里人。

A女

随着A君来家里的频率越来越高,家中变得井井有条,所有该添置的物品及时添置了起来,需要维修的物品及时得到了修复。周围环境越来越漂亮。A君在我们家的地位就这样巩固了下来。我们一家的出游少不了他的参与,当然找地方、安排交通工具、拿东西那些烦事、累事都被他包揽了。

他时不时还拿来公司发的食品或用品。记得最开心的一次是他居然搬来一个我期望很久的乒乓桌。那个桌子给我们带来很多乐趣,现在我还能看到爸爸吊个小球被我一板抽死的狼狈样,他那气急败坏的样子甚是可爱。对于妈妈,为了让她开心,我会有意输给她,这样她才会有兴趣参与我们的活动。

改革开放了,许多人抓住挣钱的机会,没有生活压力的父母精力都放在娱乐上了。父母交际的人开始多了起来,家中聚会除了那些妈妈的世交,慢慢也多了一些经妈妈筛选过的爸爸的一些画友。男士居多,因为很少有能被妈妈接受入门的女性。有个女生被介绍到我家想找爸爸学画画,这个女青年二十出头的年纪,一米六七的身高,照理不会被妈妈批准,但是她一张大大的无特色的圆脸和平坦的身材，看着与世无争的性格和会察言观色、适度的奉承的能力，为她争取到了一张入门证。

当时我还小，现在回头想想这个女生也算小有才气。她是幼教的钢琴老师，好像也喜欢文学艺术。钢琴不能算专业但是比妈妈绰绰有余。世界就是那么不公平，如果你是美女，那么除了美貌外任何三脚猫技能就可能是被赞为才女的资本，美貌居然还能弱化人们的鉴赏力，相反，相貌平平的女子似乎要拿出超凡绝伦的技巧才能打动人心。

记得一次聚会，妈妈弹了一首较简单的《致爱丽丝》，得到掌声不断奉承连连，A女一曲《少女的祈祷》，无论从难度、技巧、感情无不胜出一筹，但是却反响平平。从此她也学乖巧，绝不再和母亲共享舞台。

这个女孩涉世不深却有些城府，她很明白进入宝庆路3号不容易，但是能长留更难。善于察言观色的她来了不久就明白，在这个妈妈有着绝对决定权的家里，作为爸爸的学生可能来的机会不会很多，而且还不会长久。她来到我们家后没有马上跟着爸爸学画，而是和我走得很近，对于我这个当时非常渴望得到爱的孩子，有人愿意伴着我，就会博取我的心。楼上高朋满座而我被赶到自己房间的时候，她会放弃上面热闹的娱乐看着书陪着我做作业，就这样她很快被正式邀请成为我的家教。

为了消除寂寞，有人能陪我左右，我的功课需求不断增加，有一段时间 A 小姐一周来我们家三四次。与其说是找家教，不如说我是想找个姐姐。很长一段时间 A 小姐一直给人一种不食人间烟火之感，其实后来才知道她一直不屑交际、拒人千里，只是还没有找到那个对的他。不久这一切都会改变。

圣·尼古拉教堂,2010年,30×41cm

A君终结者：B君

随着A君不断的付出和讨好，他在我家的地位日趋巩固，他似乎已成了家中的成员。我这个家中最没地位的小毛孩的需求经常被父母忽略，我会趁父母不注意偷偷让A君帮我弄一下失修的物品，或者帮我搬一下我搬不动的东西，他对我倒是有求必应。缺爱的我对于家中有这样一个能关心我的叔叔也很欣慰。家中有了他，总是那么朝气蓬勃，有时也能看见他和爸爸一起在客厅画画，但多半时间他都在内楼忙这忙那。他在我们内楼时间要远多于在爸爸的画室。他和妈妈的谈笑声有时在二楼就能听见。

其实对于热恋情侣来说，没有一个男人会放心自己美貌的女伴和一个长相不错能文能武的异性如此长时间相处，但也许是爸爸没心没肺的性格，或者是十几年婚姻产生的麻木，爸爸完全没有在意这样一个在别人眼里有点奇怪的状态和连我一个12岁的毛孩都感觉到的微妙。

不知道是与生俱来还是在宝庆路3号这样一个复杂的环境中长大，我比同龄人成熟得太多。从小听着爸爸音乐长大的我，喜欢的是Perry Como，Ella Fitzgerald，对于同学们热衷的港台歌手明星一无所知,好像是外星来客,还好大大咧咧喜欢打抱不平的性格倒还是赢得了很多同学的喜爱,但是我更喜欢和大人们混在一起,其实直到现在我始终认为男人40岁后才有魅力。

随着时间的推移,我慢慢觉得A君对我越来越好。我一个人做功课时,他会有意无意地到我房间看看我,陪我说说话,问问我的学习,还会问我有什么需求,知道我喜欢打乒乓,还真的从单位把乒乓桌搬到了我家。他还会带我去他工作的地方,向他的同事炫耀他有一个漂亮的干女儿。现在想想他当时对我的好有点超出正常的限度,但是对于当时那个一直被忽视、非常孤单的幼小的心灵,会被任何爱所感动。我享受着我能得到的所有的爱,但是很快我发现他对我的夸奖好像已超出了一个长辈对小辈的喜欢,所以就尽量避免单独的接触,日子也就这样一天天过去了。

有一天在外面房子外自娱自乐时,忽然看见爸爸的一个朋友带着一个男人从门口进来。其实在我眼里他是个男孩,长着一副娃娃脸,二十出头的样子,身高超过一米八,穿着很洋气。上身挺括的白色衬衫,下面一条紧身的喇叭裤显得腿很长。要知道那时候来宝庆路3号的人没有超过一米七五的。那时这样的高度难免让人眼前一亮。当他要进入客厅时,A君正好准备回家,爸爸介绍了对方,他们友好地握了手。可是A君万万没想到的就是这双细皮嫩肉的手将断送他在宝庆路3号的将来。

高大尚

在B君来之前，A君还是有些优势，虽然黑了点，但粗犷风格轮廓明显的五官还是与众不同的。踢过足球打过乒乓有些肌肉线条的身体站在经常来玩的那些妈妈闺蜜们的油腻老公们面前，区别显而易见。

了解我们家情况的人都知道，我们家的男人有君子动口不动手的知识分子（爷爷），有弱不禁风手无缚鸡之力的艺术家（爸爸），有置红尘之事不闻不问的物理学家（伯伯），缺的就是一个身强力壮能做又愿意做的男子气息很重的男人，A君正好填补了这个空缺。

爸爸的阶级观念一直蛮严重，这一点我没有受他影响，我觉得那些所谓名门望族出来的人大多太势利太虚假，我更喜欢体验普通家庭出来的人的简单、快乐。A君来自工人家庭，自己也在厂里当宣传，所以爸爸就给了他蓝领画家的称号。

宝庆路3号好比一个百宝箱，在开放之前一直是紧锁箱门，开放后这个百宝箱收集了各式人物。我从小也就是在这种复杂的人际关系中长大，戏剧化的成长环境造成了我长大后无法真正享受平淡的生活，但追求那种戏剧化的状态是要付出代价的。

至于宝庆路3号最后到底是百宝箱还是潘多拉的魔盒，等我把故事讲完，由你们自己判定。

如果说蓝领画家A君、城府幼教A女是百宝箱的开门收藏，那么这个"高大尚"B君将是这个百宝箱中收到的一个非常独特的"宝贝"。

第一次见到B君，"高大尚"好像很能概括他的特点，他看上去一米八出头的个子，高——当之无愧；大——可以形容他良好的出身和住在法租界非常出名的一条街上的小洋房里的身价；尚——是因为他油头粉面和那被熨烫整齐从头到脚的时尚打扮。

A君自从见了B君后，那些从油腻男身上获取的自信突然不见了。这也难怪，看着这年轻俊白的脸蛋显得自己更加黝黑苍老，虽然身高只差5厘米，但是自己上身长下身短的缺陷在那腿占了三分之二的B君边上显得那么明显。最气人的是高调张扬的B君在他面前毫不掩饰自己的优越感。击败一个人最可怕的是从里到外，A君还没上阵已被自卑击败了。

B君的到来，给宝庆路3号增加了全新的血液，在他来之前家里的客人基本都是中老年，二十四五岁的他充满了活力，白净的婴儿脸终于让趋于老龄化的宝庆路3号有了年轻的活力。当然谁也没想到这个看似稚气未脱的大男孩，会激起怎样的狂风大浪。

致爱丽丝

女人之间的争风吃醋许多人见怪不怪，小时候在宝庆路3号我看到更多的是男人之间的嫉贤妒能。

男人追女人的方式各有不同，有的是任劳任怨无私奉献的暗恋型，有的是欲擒故纵耍酷炫富的高调型，还有是琴棋书画玩转情调的浪漫套路型。有人算过两个人相爱的概率是0.000049，不去说这个计算方式有多少科学性，但是两个人相互吸引取决于很多因素。那些第一眼就能互相吸引的男女似乎印证了爱情是化学反应的理论，但是大多男人最终能否得到自己心仪女子还是在于他的追求手法是否合了那女子的胃口。

漂亮女人身边不缺阿谀奉承出力卖命的追求者，所以暗恋型的成功概率不大，但是耍酷高调的"故纵"手段对于一直被宠惯的高傲漂亮女人往往得不到最终"擒"的结果。所以这分寸的轻重就取决于那追求者的准确拿捏。

B君在我眼里不是一个有大智慧的男人，但是他的小聪明在向我母亲献媚中体现得淋漓尽致。可怜那A君辛苦积累几年换来的特殊待遇很快遇到了危机。

外婆从小的培养，加上天赐一副好嗓子，一半德国血统的母亲在那个时代是非常特别的，所以基本每个来我们家的男人都会有点动心，哪怕是那些母亲闺蜜们的老公们，当然基本都是有贼心没贼胆的，喜欢也只能永远放在心里。在高大尚 B 君来之前，蓝领艺术家 A 君对母亲的仰慕已是比较明显，只是没敢直说，但是那么多年的随叫随到，兢兢业业地做好每一件交代的事，也是给足了暗示。聪明的妈妈心知肚明，但是只要不点穿，想糊涂时还是可以糊涂。

B 君遇见我母亲后，被她成熟的韵味深深地吸引了，年少气盛的他胆大包天地对母亲发起了强烈的攻势。他的方式是浪漫加一点强势，有时再来一点耍赖的孩子气。但他的方式很是讨巧。

妈妈总会在国庆节期间举办朋友聚会，秋高气爽，正是聚会好时节。由于父亲辞职后开始靠卖画维生，他打开了一批新的交际圈，所以以前传统的国庆闺蜜聚会变成了一个有一定规模的 party，妈妈也提早忙碌了起来，房间的布置，钢琴的维护，食物的安排，还有一些需要维修的音响设备，A 君自然挑起了大梁，他自告奋勇接手了一切。

B 君倒好，聚会前没了踪影，聚会前一晚，他晚上匆匆赶来，手里大包小包直冲父母房间，让妈妈打开盒子，盒子里一套小礼服，配合第二天的场合再合适不过，妈妈非常吃惊，不想接受，倒是在边上的爸爸说她穿了一定好看，让她别辜负了 B 君的好意。妈妈不是很情愿地准备去试衣，却被 B 君叫住，他打开了其他一些盒子，居然是配套的鞋子、首饰，连香水都一应俱全，看来这几天他是花心思在这上面了。先别说这些行头在当时是很大代价换来的，就算是这份心思，哪个女人不会被这样的举动感动呢？虽然表面上妈妈没怎么流露。

妈妈换好出来，果然让人不得不佩服那小子的眼光，样式非常符合第二天的活动，性感但不失端庄，尺寸居然像是定制，多半寸嫌大，小半寸就穿不进了。后来问了才知道他偷偷拿了一件妈妈的衣服才定的尺寸。所有的配件更是锦上添花。

同样在 party 前花了几天，A 君的埋头苦干显然没有 B 君那一套堪称完美的礼服讨巧。

A 君的忙碌让母亲的 party 体面地开始了。酒足饭饱之后，就是她的闪亮登场，那一套礼服折服了全场，钢琴边一曲《致爱丽丝》后，又被大家哄着唱了一曲《沙家浜》。最后一个音结束换来了全场喝彩连连，正琢磨 B 君怎么没了踪影，突然他出现在门口，白色的包臀长裤，粉蓝的立领 T 恤特别显出他的白净。一束鲜花呼应着妈妈衣服颜色，和着很多气球送到妈妈手里。全场愣了一下，然后是高潮性的拍手。这时跳舞的音乐响了起来，B 君顺势做了个 90 度的邀请礼，挽起妈妈的手，跳起了华尔兹。

就在这时，刚忙碌完的 A 君蓬头垢面地站在门口看到了这一切，他想过邀请妈妈跳下一个舞，但是 B 君的时髦装扮和完美身材，使自己变得如此自卑。只有转身离开，离开前回头再望了一眼，那个眼神写满了失望和心痛，甚至是被遗弃和利用。

礼物

A君能文能武，动手能力极强，智商完全没有问题。想起他和爸爸的一次对话，可以找到他一次次挫败的原因了。

当时平厅还没有收回，我一楼的房间就是爸爸的画室。那天B君带了一些朋友在楼上和妈妈高谈阔论，没趣的A君到了我的房间，坐在一个画架旁边和爸爸聊了起来。

"为什么女人的心就那么难搞懂？"A君自说自话地抱怨着。爸爸停下手中的画笔，斜眼看了看一脸灰头土面的他，温柔地问道："怎么了？你倒说来听听，我帮你分析分析？"A君当然不能告诉爸爸他真正沮丧的原因，但是他很快想起了很多以前发生的"不解之谜"。

"以前我有个很要好的女友，我很喜欢她，她当时应该也很喜欢我的，我们有一段很美好的时光。"从A君迷离的眼神中能感受到他对那段感情的留恋。"后来我工作调动突然很忙，所以没有很多陪她的时间，她一直很不开心，有一天她说要我给她买一个装饰首饰。想想也奇怪，她并不喜欢戴首饰，也没让我给她买过东西，怎么突然要我买什么装饰的首饰。我不知道她喜欢什么，也没时间陪她去买，再说做装饰的首饰为什么自己不能买，我也没多想，就说让她自己买了，我把钱给她。"爸爸一边听一边已在那里不断地摇头，没等A君把话讲完，就说："你一定到现在还没搞懂为什么你们最终没在一起吧？"A君瞪大了那双倒挂的双眼吃惊地问道："你怎么知道？她后来就慢慢冷淡了我，很快就分开了。其实我很喜欢她，但是她却为了一个首饰离开我了。"

"你呀真的不懂女人心，礼物，礼物呀，男人靠它知道女人是否真心，女人靠他知道男人是否用心。"爸爸边说边慢条斯理地在画板上加了几笔阴影。看着A君一脸的迷惑，爸爸继续解释："许多人认为女人要礼物就是物质的表现，但是当一个不讲物质的女人向你要礼品时，也许正是她爱你达到了高潮。首先，你要知道那些重感情的女孩，一般会对贵重礼物比较敏感，她们不会接受价值太高的礼物，因为她们不想让任何物质的杂质玷污了她们心中纯粹的爱情。你那个女友从不戴首饰也不问你要任何礼物，你应该也知道她和你是真感情。那她为什么会在那段你不能陪伴的时间问你要装饰首饰呢？那是她想念你，女人总是喜欢她爱的人能多陪伴在身边，但你那时不能陪伴她，所以她希望有一件你亲自挑选的贴身的礼品，项链、手链、戒指，哪怕一根手绳都可以，戴在身上，好像你就在身边。她特地和你说是装饰首饰，是她不愿意你误会她想要礼品的动机。她希望看到的是你会为她花时间心思去选，哪怕你最终选了一个塑料戒指她都会当宝贝一样戴着，因为这体现了你的用心。而你呢，非但没有这样做，连带着她去选也做不到，还说把钱给她让她自己买，你不但辜负了她爱你的一番苦心，而且在她心里你简直是侮辱了她对你的感情，难道在你眼里她缺买一个假首饰的钱吗？"爸爸说着说着提高了嗓门，好像为那女孩打起了抱不平，看着A君非常惭愧的样子，调整了口气继续说："对于拜金女来说礼物的重要性在于价值，你的礼物没有达到她们期望时，她们还不会离开，因为她们还期望下次，对于一个真正爱你的人，一次这样失误往往已救不回那颗破碎的心。"

小时候没法真正理解爸爸的这一番话，长大后我没有遇到任何一个可以这样理解女人心理的男人，也许是爸爸天生柔弱的性格和艺术家的感性使他有这样的天赋，这也是为什么其貌不扬的他一直很有女人缘的原因。

A君一直低着头听着，突然拿起画笔描出了一个女孩的轮廓，模糊不清只有大概没有细节，也许时间久了，他记不清了，也许他无法直视那被他无心伤害、给过他真爱的女孩，或许他是以他的方式表达他的遗憾和告别……

爱的名义

男人追求女人的方式百变不离其宗，A君（蓝领画家）的无私奉献抵不过B君（高富帅）的蜜语礼品，但是B君的不择手段和翻脸不认人的性格，现在回想起来给我们和他自己带来了很多麻烦。

看清一个男人的真实面目不是看他爱你时的表现，而是看他对周围人的态度和处理一段即将结束的感情时的表现。很多人在爱时万分投入，但是又有多少人可以在渐行渐远时保持一颗仁爱的心，更不用说在受到打击后还能做一个堂堂君子。

你们可能告诉我世界上没有这种人，我在知道这个医生前和你们想法一样，但是他让我知道了什么是一个真正男人该有的担当。

我有位在美国的女友，她到美国不久，通过朋友介绍认识了一位脑科医生，他非常有钱，但是使他发光的不是他的财富，而是他的为人。

他送走了照顾多年久病在床的妻子，多年后找到了他愿意共度余生的我的女友，求婚成功后，女友最终觉得性格不合悔了婚约。这个受了伤害的男人，把我女友约了出来，女友忐忑不安，邀我陪她前往，准备迎接狂风暴雨，但是出乎意料之外没有埋怨，没有责怪。

医生那张憔悴的脸布满了被爱折磨的痕迹，他故作平静的声音掩饰不住内心的失望，但是很快便不失关心地开始交代起很多事情："你和我在一起后，辞了工作，原先的住处也退了租，我们现在虽然分开了，你可以在找到新公寓前继续住在我的 A 公寓，我会搬到 B 公寓里。由于你还没有建立很好的信用，租房会有点问题，我会带你去看房，你选好后我用我的信用替你租下，我还会付一年的房租，这样你可以有一年时间攒点积蓄，以后我不在，都要靠你自己了。还有你看看你喜欢什么手艺，我出钱让你学习，那么你以后就能不愁生计。"临走还拿出一张机票："你妈妈下个月要来看你，我已帮你买好机票，你可以省点钱买健康保险，保险不便宜，但是一定不能省。"他一本正经喋喋不休有点古板的样子，让我隐约感到了那个追崇浪漫的女友可能离开的原因，但是一个在你离开时还能为你这样负责的男人，也许一辈子也不会再有了。

在一份能给她坚实依靠爱她的和一份虚无缥缈无法担当她爱的感情中，她选择了后者，以为牺牲了物质可以找到爱，最终爱还是离她而去。她痛不欲生随便找了一个不爱也不讨厌，条件没有医生好，对她也远不如医生那么尽责的人结了婚，婚后也不幸福。当然感情这东西本来就没有理智，否则也没有爱是瞎子之说了。不过感情债真的不能欠，因为欠的迟早一定会加倍还给你。

B君就是那种和医生截然相反的类型：爱时热火朝天，不爱时冷若冰霜。所谓一日夫妻百日恩，也是要有一颗善良的心才能体会的。

自从B君来了宝庆路3号，那些小资情调、世外桃源、混血女主，深深地吸引着他，尤其是那可以炫耀的阶层社交圈满足了他庞大的虚荣心，他乐不思蜀到忘了自己还有个女友。他的女友是个模特，人瘦瘦高高，长得也不错，用现在的眼光看可能缺少点味道。不过再美时间长了也会厌倦，否则好莱坞的夫妻也不会分分合合了，要不是她那天跟踪他冲入了我们家，我们都不知道他有个女友。

她当时的样子的确有点失态，推推搡搡，大声地数落着B君自从来了宝庆路3号就变了个人，原来一周见几次，现在几周见不到人，见到了也是冷冷淡淡，完成任务般地敷衍。她是被B君半拖半推地拉进了房间。他们在房间说些什么我不得而知，只知道她是哭着和B君一起走的。

小时候不懂，觉得B君怎么找了个泼妇般的女友，现在想想，许多女人是被身边不懂珍惜的男人把自己从女神变成了女神经。爱可以不求回报，但是不能没有了回应，本该两个人跳的探戈，却成了一个人孤寂，何不转身，放了对方放了自己。世界上没有过不去的坎、翻不了的篇。当时我一个十几岁的毛孩子都可以悟出的道理，她没想明白，最终为了报复做了一件傻事，她拿走了B君有着出国签证的护照，她以为对于一直崇洋媚外、一心想早日出国的B君，这会是一个打击，岂知B

君当时心系宝庆路3号，那延误一年重新办理的时间，正是他求之不得的机会，同时给了他一个毫无内疚正式分手的理由，也就是这一年中，给他创造了在一段时间内破坏了我和母亲的关系的机会。

不惜代价

B君（高大尚）突然的闯入，让A君（蓝领画家）有了很大危机感，但是各方面自知不如，也只能接受与敌共存，但是占有欲很强和野心极强的B君是不惜任何代价也要把A君赶出宝庆路3号。而我不幸成了代价之一。

不知道是爸爸的遗传还是在宝庆路3号长大的关系，我从小就非常容易相信别人。哪怕经历了背叛和欺骗，至今我还是会选择看到人善良的一面。事实可能不能证明我是对的，但是如果连这点信念都没有，这世界岂不是一片灰暗？只不过现在的我懂得了防人之心不可无的道理。

十二三岁的年龄情窦初开，似懂非懂，B君当时二十五六岁，在家中来访的客人中是最年轻，也是最英俊的，在这个深宅大院一直没有伴的我好像多了一个大哥哥，喜欢和他有事没事套近乎，他似乎也不像一般的大人那样无视我的存在，有时会给我一些关注，现在想想，他可能早就有预谋利用我对他的好感达到他的目的。

有一天晚上，他9点到我家，妈妈有点不舒服，休息了，爸爸在平厅，他没有去平厅，却直接来了我的房间。我几乎有点不知所措，平时很少有独处时间，更别说是在我的房间，一直像男孩的我，居然害羞了起来。他和我说话，我都没敢看他的眼睛。我告诉他妈妈已休息，爸爸在平厅，他说："我不找他们，我特地来找你聊聊。其实我一直很想了解你，我觉得你是一个非常可爱的小姑娘。"他的话让我的脸一下红了起来。接下去他问了我平时的喜好，和我聊了天南地北。他真的是很好地把握了一个初出茅庐的小女孩的心理，特别是一个缺爱的女孩。慢慢的，我打开心扉，和他谈了很久。我特别感激一个大人能给我那么多时间了解我的想法、我的喜好。

"你怎么看A君？"他话锋一转，我心里沉了一下，虽然我还是个孩子，但是在这个环境长大，我一定是早熟的，我突然隐约觉得刚才的那些美好，可能是要偿还的。他开始问我很多关于A君的家庭、工作、背景。我告诉了他我所知道的。他开始问询他到我家的行踪，和他和妈妈之间的一些事，我突然沉默了起来，虽然那时我懂得不多，但是觉得这种事他好像不该问。他突然很真诚地发誓了起来："你把我当好朋友吗？你难道不信任我吗？我向你发誓我们之间的谈话没人会知道。"我至今还能记得他瞪得大大的眼睛，就差跪在我面前发誓了，别说一个小孩，哪怕一般的大人也会被他的"真诚"所感动。我告诉了他想知道的事，其实也无非是A君来的次数，每次待的时间，是否和父母一起出游，是否有和妈妈单独相处的机会，等等。谈话结束，他走之前，我问他："你不会告诉妈妈吧？"他摸了我一下头说："放心，小姑娘。"

法国总汇,1996年,54×39cm

第二天，为了和妈妈对质一些细节，他眼也没眨地把我出卖了。妈妈为了这事两周没有和我说话。这比打我一顿更残忍，因为那时我非常在意妈妈对我的看法。我也许做得不对，但我还是个孩子，为什么他们还要把这样一个不择手段利用孩子来达到自己目的的人留在家里呢？我当时发誓长大要报复他。

长大了，报复的想法没有了，但是很想当面告诉他他当时的行为有多么卑鄙，他却失踪了，生死不明。看来人在做，天真的在看。每个人总会对自己作过的孽付代价的，迟早而已。

跨越阴阳

1990年后，爸爸逐渐打开了宝庆路3号那扇重门，她所呈现在世人面前的是快乐和光鲜的，但是有多少人想过这个见证历史几十年的地方到底经历过多少沧桑，又有多少不为人知的秘密？

现在的宝庆路3号已被整修一新，但我记忆中的家是被爬山虎爬满，看上去斑斑驳驳，杂乱中夹杂一些破旧，给人一种特殊的神秘感，特别是花园深处，布满参天大树和奇藤异草，加上各种蛇虫百脚，胆子小的人晚上绝对不敢靠近。

有一件事非常奇怪，爸爸从小被西洋文化培养，长大后沉浸在西洋艺术的氛围中，对于中国传统的东西总是兴趣不大，甚至有点抵触，但是对于算命风水那些玄玄乎乎的东西他却非常热衷，妈妈也是如此。

很小的时候，父母就带着我去过好几个算命瞎子家中，记忆非常模糊了，只记得每次都要换几辆车走很多路才能到。是不是算命的人真的犯了天条，还是他们有意要创造神秘气氛，或者让你进来就被吓得不敢多问，他们的家总是那么阴暗、破落，还都有那种陡成垂直线的破旧楼梯，每踩一步都好像踩着一只挣扎中的老鼠，吱——嘎——，吱——嘎——，三个人上楼整个楼梯会开始晃动，下楼更是需要勇气，一不小心就会掉入深渊。

他们算得准不准我不知道，只记得他们说过爸爸是个顽皮的猴，妈妈这只狗不一定能管得住他，还说我是铁嘴老鼠，能说会道，但是刀子嘴豆腐心。

知道为什么算命的总会说——信则灵，不信不灵？就是因为这些模棱两可的陈述你要是想信总能往自己身上套。瞎子说爸妈有两个孩子，他们一开始非常失望这个被强烈推荐的半仙怎么没说对，但是想起自己小产过一个孩子，觉得也许这也算在命里有过，就觉得还是很准。

当时我还小，听听也觉得有道理，但是现在想想，这样的话我也能算命，反正数字往大里说，少说了没法解释。我可以对人说他们有6个孩子，如他们只有2个，那加上夭折的流产的，还不到数目，那就是现代避孕阻止了命里本该给你的孩子，这样就自圆其说了。不过他们的确算出了我以后会到西方生活。

记得有一次周末舞会日，爸爸的一个朋友特地早来了很久，神秘兮兮地告诉我们他晚上要带一个重要人物王某（化名）来家里玩，据说这个王先生有半仙之称，精通风水八字，算命看相。爸爸听了，正合他意，说来了一定要和那人多聊聊。

晚上，一个一身白色棉麻中式装扮的王半仙，踩着一双黑色布鞋飘飘忽忽地进入了这个凡夫俗子聚集之处，立即引起了全场的关注，倒不是因为他高调，主要还是不入调。

整个晚上，他都静静地在一边，不太说话也不跳舞，经常环顾四周，但好像又不在留意那些来客，大家都觉得他有点怪异。

接近午夜，人只剩了一二，爸爸拖住那个介绍人，终于有了和半仙搭讪的机会。那个介绍人没话找话地说："今天人真多呀。"爸爸也有心没心地点头应对着说："这里每周都是这样。""是呀，人很多。"总算半仙开口了，边说边再次环顾了四周一遍神神叨叨地继续说，"看得到的多，看不到的更多，多的岂止是人呀。人都走了，他们都坐着呢。"

那介绍人一听好像被吓着了，下意识地捏紧了爸爸的衣服。爸爸倒很镇定，还给半仙那天方夜谭般的陈述提供了论据："其实这里有些孤魂野鬼倒也不奇怪，'文革'中这里做过造反派的指挥中心，有被活活打死的，还有自杀的。"爸爸并没注意到身边那个介绍人已脸色苍白，人在微微地颤抖，继续他的疑问："王大师，那我需要做点什么法事驱鬼吗？"这个王大师倒也不是贪财之人，本可接口做笔生意，他倒还问了爸爸的八字，倒贴着帮爸爸算起命来，聚精会神了一段时间，对爸爸说："你是个有格局的命，命里八阳，所以你不怕阴，而且这些冤魂野鬼也已伴你成长，对你无害了。"听了这些话，我和爸爸都没有太大反应，没有过多的惊奇，没有丝毫的恐惧，好像都在我们预料之中，倒是那个介绍人，再也没敢踏进宝庆路3号一步。

陈逸飞先生（右一）是常客

也是上海某个特定圈子的据点，经常会有舞会、派对

小时候的我真的天不怕地不怕，就怕孤独，鬼怪满屋倒让我突然感觉没有那么孤单，后来每次独自在平厅的夜晚，我养成了和他们打打招呼、说说心里话的习惯。

所以永远不要去羡慕谁住进了某老洋房，谁拥有了某历史建筑，不是每个人都有这种命去消受这些东西。

法师的提点没有吓着我，但是后来那个孩子的一句话怵到了我……

刚开始爸爸每周的舞会都是局限于亲朋好友，后来人传人，人带人，几乎变成了半公开的活动，许多参加的人都不是很熟悉。更过分的是，有一次舞会来了一位意大利老外，长得非常英俊，跳舞就像《闻香识女人》中的阿尔·帕西诺。他邀我跳了一曲探戈，成为全场焦点，众人惊讶我何时学会探戈，其实我根本不会，只是跟着他的步伐和手势的暗示移动和转圈而已，一个好的男舞者就是可以让他的搭档显示出最美的一面。后来才知道他就是费列罗巧克力的代言人。那天后他经常参加我们的舞会，和他熟了就问他，你是通过谁介绍的？他的回答让我瞠目结舌："哦，那天我看到许多人进进出出，门开着，我好奇地也跟着进去，看到你们在跳舞，就参加一起跳了。"哈哈，大概也只有意大利人才会那么胆大、随意。不过这种鱼龙混杂的情况真的也是当时的常态。想想也有点后怕，谁知道会混入何等人物。

记得有一次舞会又来了很多陌生面孔，蛮突出的是一个老外和他的中国太太，抱着他们的混血儿子。来跳舞的很少带孩子，而且是一个三四岁的小孩。孩子很可爱，但是从进门就显示出非常的不安，整个人一直在他父亲怀里不断扭动，开始发出嗯嗯啊啊的声音。他父亲怕他吵着大家，就抱着他离开平厅，往花园走去，想着可能离开人群孩子会安静一点。刚走到平厅外的露台，我们听到声嘶力竭的哭声，大家不知道是否孩子摔倒了还是怎么，都赶出去看个究竟，出门看到孩子好好地在他父亲怀里，但是哭得气也喘不过来。大家问他爸爸怎么了，老外也是一脸费解，和我们连连道歉，说孩子平时很乖，不知道今天怎么了，然后就问儿子："为什么哭？到底怎么了？"那孩子用手指着远方，哭得说不出话，稍微喘了口气，说了两个字："坏人。"别人都以为是孩子的瞎闹，散开去跳舞了，我和爸爸会意地看了看对方，眺望着那个孩子点的地方，只有我们知道那里发生了什么，也只有我们知道那两个字描述得有多么确切。那对夫妇最终无法安抚儿子，回家了，岂不知那个被大家认为是"无理取闹"的熊孩子其实是一个开着天眼的小神童。

无独有偶，爸爸还有一个朋友，他就是那种一直病恹恹的艺术家，当时觉得他就是那种我们所说的阴气很重的一个人。他来跳舞不多，有一次来舞会，正好遇到中秋节，来的人不多，他也不太合群，大多时间都在花园里踱步，后来招呼也没打就离开了。

过了两周他来见爸爸，见面就问爸爸："那天跳舞有个穿白色裙子，长发的女人是谁？"爸爸一脸疑惑，问发生了什么。

他说那天舞会，他在院子里见到一个穿着一身白色直筒裙的女子，留着很长的头发。爸爸问他看清脸没有，他摇摇头，说看不清，天色很暗，女子头发遮挡了她的轮廓，加上她羞涩低头的姿态，他只能说感觉是个年轻女子。晚上到过我家的人都知道，宝庆路3号的花园晚上没有一点勇气是不敢多停留的，没有任何灯光，有的只是昏暗路灯打在树叶树枝上的斑驳影像，随着树叶的摆动产生各种奇形怪状的阴影。爸爸让他继续说发生了什么，他说他见到她后问她是否来这里跳舞，她摇摇头，看到她非常羞涩的样子，他就自说自话地说了些"天气真好，这里很美是吗"等等无聊话题，那个女子始终没说一句话，以点头、摇头来回答那些问题。看到搭讪不是很顺利，就说了一句晚安准备离开，没想到那女子突然献了一个香吻，留在了他的左脸颊，还没等他反应过来，那女子已朝着花园的"原始森林"里走去。他说他非常诧异为什么这个不是来跳舞的女人会在花园，还给陌生人献吻，最主要的是离开还不往大门走。

爸爸还在边上开玩笑说："有桃花还不好，被美女亲一下，不觉得是你的福气吗？"那个男人非但没被逗乐，还非常严肃地说："你知道什么呀。那天回家后，第二天我那边被吻过的地方就一直糜烂出水，到现在两周才刚刚好些。"他边说边指着脸上那个区域，我们都凑近看了一眼，的确能看到一块刚开始愈合的伤口。

我试着回想那天来的人，因为那次舞会人特别少，只有几个老先生和老太太，不记得有年轻女性，更别说白衣长发会很容易引起注意的，爸爸可能也意识到了什么，便问他在花园哪里遇见那个女子。不出我们的意料，他指的地方就是那孩子指向的地方。我们倒吸一口冷气，那男子还在那里喋喋不休："什么女人？会不会有什么传染病？"我心里在想：你还在担心什么传染病？能保住小命已是你的造化了。

他们指的地方到底发生了什么？时隔甚久，是什么还让这些灵魂滞留宝庆路3号？

夜里跑步的勇气

我一直吐槽住在宝庆路3号的种种弊端，为了公平起见，我必须承认宝庆路3号的确赋予了我无穷的想象力和可以不断探索的空间，在那个娱乐不是很发达的时代，给了我很多惊喜，或……惊吓。

那是我成长发育的阶段，做惯假小子的我，开始有了想美的意识。也许是德国种在作怪，喝水也胖的体质还遇到抵挡不住的好胃口，当同学的体重还是两位数时，我已是三位数，虽然小脸和显瘦的上身让我躲过被叫小胖子的尴尬，但是臀部和大腿也不能永远靠裙子遮挡，冬天是我原形毕露的季节。有一件事更让我发奋图强要减肥。

记得有一次中央芭蕾舞团来我们小学挑芭蕾舞苗子，老师来到课堂，让大家起立，课桌正好到腰间，那个老师一眼看中了我，看得出她非常喜欢我，同时又选了另一个柔弱女孩，和两个瘦成闪电的男同学。当时已在排球队的我直纳闷为什么会选中我，我对这种矫揉造作的东西实在不喜欢也不在行。她让我们下午去上海戏剧学院进行复试，并要求父母陪同，后来才知道是要看父母身材来进一步判断。这次要求我们穿短裤。

你们想想也知道发生了什么。当时我这种德国种加上一直运动的身材在普遍清瘦的中国女孩中已是非常突兀，更别说放在那些千选万挑细成一条线的芭蕾舞苗子中，会是一种什么场景。怪不得我一进门，就被一个男老师拦住，问我是否走错地方了。我说了那个老师的名字，他才带着怀疑的眼光叫来了那个女老师。他们也不顾我的感觉，在我面前大声讨论，好像我是一个物件而已："这女孩是你收的？你看这臀部和腿能跳芭蕾吗？"那口气充满了不可思议。那女老师看着我，自说自话地念叨："上午看蛮瘦的。"我心里明白是课桌和裙子迷惑了老师的视觉。"我知道你是因为她那漂亮的小脸蛋吧？"那男人自作聪明地说道。那女老师可能真的很喜欢我，开始找各种理由想留住我。"你看她爸爸，"她指着那时瘦得有点变形的爸爸说，"她练练会瘦的。"

那个男老师带着一丝坏笑指着站在一旁那些瘦得骷髅般的男孩说："他们当中哪个能把她举过头，我们就录用她。"其实我根本不想要跳舞，胆子也大，也不怕得罪老师，居然插嘴说："那我把他们举过头，你录取我吗？"说完引来全场哄笑。那男老师也被我逗得笑弯了腰，总算放轻松调侃般地对女老师说："知道你喜欢她的样子，我看她这机灵样适合拍电影，你还是把她介绍给导演吧。"那个女老师想想也是，别说那些男孩能举我过头了，我随便推他们一把，他们都可能骨折。她不舍地撸撸我的头，让我回家了，转身她还在摇头嘀咕着："早上明明没那么壮嘛，也许练得瘦的，可惜了。"我倒是如释重负，想想要我装模作样搔首弄姿的确也不合适。

虽然进不进舞蹈学院对我无关紧要，但是那些评价对当时开始要美的我还是有点阴影的。控制不住食品的诱惑，只能靠加大运动量了，那时我立志要减肥，我开始每天在平厅做完功课后到花园里跑步，坚持了很长一段时间。除了下雨，每天都会跑10圈。在那个面积6亩的花园跑步需要一定的勇气，做完作业基本晚上10点后，天气好时，借着月光还能看到前面的路，没有月光，基本就是摸黑在空旷中奔跑，有时会被脚下树根绊着，有时会被野猫的逃窜声音吓着，但是那种被空气抚摸双颊，被大地按摩脚底，和树木交换着呼吸的感觉无与伦比。

那天放学回家，吃完饭我开始了我晚上的常规操作……

那一天

现在的小孩金贵得上下学都是父母接送,我们那一代的父母好像心都特别大,我和同学们都像野孩子般地自生自灭。放学后,我总会到途经的上方花园和女生跳个皮筋,和男生踢场足球,或者爬到树上采肥皂果自制弹弓的子弹。每天回到家总是灰头土脸。

回家基本就是吃饭时间,晚饭后就会拿着功课去平厅和我那些想象中的朋友一起完成我的作业。就从那时我学会了自说自话,想想那时如果谁晚上从平厅窗户看进来,会以为宝庆路3号的灵魂正在和我交流。

那是非常阴冷的一天,到了晚上刮起了大风,天空没有一丝月光。来过我家的人知道从我们住的楼到平厅是有一段距离的,爸爸平时会骑车到平厅,我就会走一条捷径,那是一条堆满杂物、顶着破旧凉棚的半开放式的走道。那对把自己儿子都赶出家门的古怪亲戚,似乎把该对人的爱都献给了流浪猫,几十只野猫密布各个角落,其中一只黑猫,身体硕大,有着一双灰蓝色的眼睛,瞳孔巨大,呈很淡的琥珀色,看上去像那种得了眼部疾病的盲人。和它对视,似乎碰撞了魔鬼的灵魂,一个

父亲(摄影/陆元敏)

每个角落都隐藏着无数个不可预测的可能

从花园到我房间,有很长很暗的一条路

下垂的眼睑不知是和其他动物打斗的战绩还是被人虐打的结果，看到人总会露出天生的獠牙。每次遇到它，总有倒霉事发生，我从此就把它列为不祥之物。

那天刚进入那个走道，不知从哪里窜出了这只凶猫，奇怪的是它没有像平时那样马上逃离，却弓起背、竖起毛和我对视起来。见到它我已自觉晦气，那对载着魔鬼灵魂的双眼在黑夜里透着怵人的蓝光。我踢了一下边上的废铁罐子，它惊吓得跑了几步，但是居然还回头再看了我一眼。我突然有一种不祥之兆，有点想折回自己房间，但是看着手里很多要背诵的作业，还是跳出了那扇破旧不堪的钢窗，进入了那一望无边的花园。

我的常规就是做完作业，在平厅跳一段舞后，再继续我坚持了两个月的花园跑步活动。两个月我没有拉下一天，哪怕有时下课已完成了三小时排球训练，做完作业已很晚很累，我也苦苦坚持，可想那时我减肥的决心。

当天功课很多，我开着音乐写作业，越坐越觉得冷，做完作业已过晚上 10 点。我关了录音机，才意识到外面居然刮起了大风，风声穿过开了一点缝的钢窗发出一阵阵"呜呜"的怪声，像女人低沉的哀怨声，更有鬼哭狼嚎的感觉。

平时跳舞我都会把灯灭了，打开窗、门，把自己融入自然之中，在音乐里宣泄自己的感情。那时的花园野生野长，草坪尽头浓密树林处被喻为原始森林，没有多少外人敢在晚上接近，我从小像男孩那样被散养着，所以才 10 岁出头的我每天在那大无边际的花园里，好像不知什么是害怕。

也许是命，那天上天让我感受到了畏惧。晚上的风把树叶吹得东倒西歪，那些不断变动的影子变成了奇形怪状的妖魔鬼怪趴伏在花园各个角落，它们垂涎欲滴地望着那无处不在的爬山虎变成的一条条蛇蝎美人在空中扭捏作态。

看着黑暗一片的院子，我有点犹豫，但是两个月的坚持不想这么破了，我还是踏入了草地。突然听到草丛里传出来"咔嚓"一声，野猫逃窜发出的声音我很熟悉，明显不像。这就是压死骆驼的最后一根稻草，狂风黑夜，又遇见那只不吉黑猫，现在还有不明声音，终于把继续跑步的念想打消了。我关了灯，锁了门，回到了我们住的楼。时间不早了，但是楼上好不热闹，父母又有朋友聚会，跑到楼上想凑个热闹，妈妈居然开恩同意我坐着玩一会儿。凑热闹的时间总是过得很快，客人也走得差不多了，当时房间开始安静了，突然远处传来一阵哭声，听上去很悲惨的那种，爸爸跑向窗口，边走边说："怎么那么惨的哭声，大概谁家死人了。"他打开窗，那钢窗已生锈，每次开关都有很大声响，当爸爸打开那一瞬间，哭声止住了。爸爸疑惑不解地在窗口自说自话："怎么突然没声音了，死了人也不会就哭这么几声吧。"再仔细听听确实没有了声音，他便关了窗。我望了眼窗外，天更黑了。

明天和意外真的不知道哪个会先来，准备好又一正常上课日，却经历了当时看都没看过的好莱坞大片的故事情节。

打开大门，家里布满了警察，"让开，让开。"熙熙攘攘中一个被布遮着的尸体抬了出来，许多人涌了过去，我太小，被这景象吓懵了，站在那没动，还没缓过来，又来一个，这次他们就从我边上路过，虽然也是被布遮住，但是移动中那布移开了一个角，我看到了半个血肉模糊的被砸烂的头部，一撮长头发被黏稠的红色白色浆液包裹着耷拉在一旁，知道死的是个女性。"太狠了。"旁边警察的对话传入耳边，"看来是活活被砸死的。"突然他们好像发现了我："怎么这小孩在这？"知道我住这里，就被他们打发着上学去了。那天什么都没学到，眼前只有那恐怖的场景，只想回去知道发生了什么。

华侨西服厂

宝庆路3号这个地址曾被不同组织使用过，那栋佣人楼被借出去好几次，最早是一个小学，还有致公党、设计院、甲公司、乙学院……来来去去，也记不住那么多了，能记住的是他们在，我就有很多可以玩耍的地方，还有很多人，对于一个从小孤独，在如此空旷的地方自娱自乐长大的孩子，有一个地方可以去游逛，轧轧闹猛，真的是不亦乐乎。

对于上学、上班的人，宝庆路3号是正儿八经的校所和办公地点，对于我，只是家的一部分，所以这些认真上课、办公的人们时不时需要面对一个在家没事就到处逛逛的小不点的骚扰。小学早上广播操时间，三四岁的我会自说自话站在领操台，指手画脚地领导起了全校学生的早操。

致公党开着严肃的党会，突然闯进一个毛孩子边跑边唱起了新学的《没有共产党就没有新中国》。最终他们不得不听我唱完，然后半拖半拉把我请出房间。

最怕我的应该是设计院的叔叔阿姨们。有一次我爬到他们的设计台，看着那美丽的设计图突然灵感大发，趁他们不注意，在那张他们花了很多时间和精力的图纸上留下了我很满意的"修改"和"批注",当时大家那绝望的大呼小叫着实吓哭了我,但是现在想想实在亏欠。从此他们见我如见瘟神,虽然不好意思拒我于门外,但每次很远看见我,就急着想办法护卫他们的图纸,再也不敢把图纸暴露在这个小魔鬼面前了。当然我被吓过一次,也懂得夹着尾巴做人了。

1982年,原本是花廊的水泥地上搭起了活动房,工人们来来往往,领导们进进出出,给这个沉寂很久的深宅大院带来了一丝生气。得知这将是一个西服厂的厂房,我更是欣喜若狂,终于可以有人玩了。我兴奋地每天参与他们的施工,指指点点,不得不说这个厂的建立有我很大的"付出"。

神奇的是,建造这个厂房从开工到完工才八天,从此这个用活动房搭建出来的一长条建筑便成了我玩耍的天堂,哪怕后来拆得只剩一个破房间,也还是成了我发挥想象力和躲避现实的避风港。

这个工厂是当时侨办支持的一个知青工厂,里面的员工都是小年轻,由于我不怕生的性格,加上有个亲戚在里面做副厂长,很快在厂里熟门熟路,那些20岁左右的员工们也很快成了我的哥哥姐姐们。我在家没有得到的关注,在这里得到了充分的满足。那些小哥哥小姐姐们,见到我总是会给我糖和点心,我成了他们宠爱的小娃娃。我从小没人教就知道感恩。 有一次几个小职工知道我们买了一台电视机,都非常想看。那天妈妈不在家,为了报答他们平时对我的关照,我偷偷地把他们带到家里看起了电视。人群中,有个男孩给我留下了比较深刻的印象，他长相白净，人也高挑，话不多，文静却不失机灵的样子挺招人喜爱，我们就叫他W。但是不久后他做了一件惊天动地之举，让我第一次了解到人不可貌相的真实含义。

鬼迷心窍

鬼迷心窍也许最能概括 W 的所作所为。当年才 17 岁的 W 家境不错，自身外貌条件也非常出色，如果没有走上这条歪道，他的未来不会太差，但是那天他偏偏和一个错的人出现在不该出现的地方，有了不该有的想法。

1985 年某日，W 和他中学同学，一个同样有着出色外貌并且是田径少体校重点培养对象的 Q 一起经过他每天工作的地方——宝庆路 3 号。他对 Q 抱怨着这个他并不喜欢的工作和被扣奖金的不愉快经历，突然 Q 说为什么不趁晚上进去拿点现金。W 想想自己这个月被扣除的奖金，望了一眼看似无人的厂房，便同意从九弄翻墙进入。九弄就在我们隔壁，在靠近宝庆路 3 号这一边，还有一个高高的垃圾桶，从垃圾桶上就可跳入我家，进入的便是那个我称为原始森林的花园后部，那里野草丛生，晚上没有灯光，也不易被发现。

他们进入后，就直奔厂房，心想从后门偷偷翻入，进入会计房间，拿他一票。也许是进厂时间不久，他并不知道当时有个门卫老大爷晚上一直睡在厂房守夜，也或许年轻愚昧冲动的他想赌一下自己的运气，指望老大爷不在或睡着，心想如真的遇见就说是来拿自己遗落的物品。

　　他们顺利进入会计室，翻了所有抽屉，只有 20 元。他们非常不甘心，看到一个保险柜，就决定撬开保险柜，正愁没有工具，没想到 Q 拿出了一把匕首。W 不知道为什么他的同伴会有一把如此可怕的匕首，但是想到保险柜里可能有大笔钞票，他们一起努力准备撬开保险柜。正当他们大动干戈时，老大爷打开了灯站在他们面前。看到 W 那张熟悉的幼稚的脸，大爷放松了警戒，拿出平时对付这些不懂事小孩的一贯方式对着他们大呼小叫，一边冲过来一边说要报警，也许他本意是想吓唬吓唬这两个小鬼，但是对于 Q 和 W，这是他们最害怕发生的事情，不一会儿三人就扭打在一起，年老体衰的老大爷哪里是这两个年轻力壮小伙的对手，很快就被按倒在地，他们完全可以逃跑，但是想到老大爷认识 W，冲昏头脑且四肢发达的 Q 把那把带着血槽的尖刀插进了老大爷的身体。

　　抽出刀后，熟门熟路的 W 带着 Q 正准备从后门逃离，突然听到一声女人尖叫声。那是当时在西服厂的清洁阿姨。我不知道她那天为什么在厂里，有时真的不得不信命。她随着声音寻来，看到老大爷躺在血河之中，惊恐地尖叫起来，也就是这叫声把那两个被恶魔附身的男孩引了回来。她远远看见这个平时做工不认真还被自己举报过的男孩冲过来时，也许还无法把她看到的险恶和他联系起来，但是出于本能她开始疯狂地往花园里跑，她躲到一棵树后面，但是由于惊恐她无法控制自己不断的抽泣，很快就被两人发现，爸爸在房间听到那他以为是谁家失去亲人的悲惨哭声正是那阿姨在苦苦哀求他们放过她的最后的声音。不知道是什么让一个平时还有点腼腆的17岁男孩变成了恶魔，他用一块红砖在阿姨头上敲了二十下，据他后来交代是由于阿姨的举报他失去20元的奖金，所以他就砸了二十下。

如果按我平时的作息，那个时间我还会在花园里，如果还在花园，他们也不会放过我，想想也是躲过了杀身之祸。

年少轻狂的两个男孩以为杀了目击证人便可逃脱罪名，不知自己已留下满地证据。记得清理两个受害人遗体时，W也在围观，我还记得他东张西望的样子。后来才知道他回家后发现自己在打斗中掉了手链。三天就破案了，是W的家人劝他自首了。

W自述那天完全不知道自己做了什么，一切都是一片空白。这可以说是他的托词，但是鬼迷了心窍和命里注定也许更能解释那些解释不通的问题和不该发生的巧合。

如不是鬼迷心窍，W家境富裕，被扣除的奖金都不及父母平时给他的零用，是什么驱使他有盗窃之心？如不是鬼迷了心窍，一个平时虽有点懒散但不失腼腆且没有犯罪记录的17岁男孩怎能一夜突然变成冷血杀手？

如不是命里注定，为什么在没有预谋的情况下经过宝庆路3号，那个在别人眼里阳光乖巧的同伴偏偏给他指了如此一条不归路？如不是命里注定，为什么体校结束训练的同伴身上还有一把致命匕首？如不是命里注定，为什么那个被他砸死的阿姨会在不该出现的日子选择留在了厂里？

不管是鬼迷心窍也好，恶魔附体也好，最终都不能开脱他们残忍夺走两条无辜生命的罪行。一个月后结案，两人被判枪毙，立即执行。不到两个月，四条人命。四个家庭的亲人从此将带着无法弥补的伤痛走完余生。

爸爸胆子有多大

自从那次杀人案案发后,家里的人变得神经兮兮,特别是当时我的伯母,她本来也不太去花园,这件事以后每天回来她都不敢经过花园走到自己住的房子,很长一段时间她需要叔公每天到门口接她才敢回家。

这个给很多人带来快乐的地方,突然蒙上了阴影,不管是害怕也好,迷信也好,那些隔三差五来访的客人突然都"忙碌"起来,家里突然变得清静了起来。不过还好妈妈有两个铁闺蜜在这样的时刻还是陪伴在她身边,但是她们很久都不敢再去花园。

家里只剩我和爸爸好像没有过度紧张。我是初生牛犊不怕虎,好像不知道什么是害怕,哪怕知道自己当时如果在花园多逗留些时间也会是他们的刀下之鬼。我晚上还是继续在平厅做作业,不过有一个月没有在花园跑步。

大家对我的大胆似乎都不奇怪,而爸爸看似文弱书生,却很少人知道爸爸的胆子有多大。那大家搬好板凳,我带大家穿越时光隧道,进入爸爸给朋友讲述一个故事的时间点。

"刑场周围都是来观看的人,其中有人哭泣(应该是家属),有人解恨地高声谩骂,更多的是毫无表情的围观者,只看到那个枪毙鬼,穿着一条裤腿收紧的裤子,被两个警察拖了出来。我站在第一排,离执行地很近。"爸爸在讲述他去参观死刑犯被执行的现场奇遇。

爸爸讲故事很有天分,他的描述非常有画面感,人们很快就会被他带到现场。"我看到罪犯的腿在不断抖动,已经无法站立,被半拖半拉着到了刑场当中,当他跪在地上,我看到了他已尿失禁,尿水从裤腿慢慢流出。"爸爸继续着他奇葩的参观经历,也没有顾及那些胆小女士们因为害怕而扭曲的面部表情。"然后是再次宣布罪犯的审判,据说警察只有一颗子弹可以浪费在罪犯身上,看到那个执行警官乳臭未干,心里感觉就是要出事。你们知道发生了什么吗?"

爸爸不是故意为之,但是他随性的举动往往吊足了别人的胃口。大家翘首以待地等待着下文,他却说要吃点东西再来叙述。好友们群起而攻之,想把他按在椅子上让他继续说,他却像泥鳅般地逃脱奔向厨房。大家没有耐心等,都跟着他到了厨房,让他继续。

爸爸边吃边说:"一声令下,那个小警察便扳动了指着罪犯脑袋枪支的扳机,可能是第一次结束一条鲜活的生命太紧张,或许是枪支的后坐力,也兴许那个罪犯的确丧尽阴德遭了报应,那颗本该断然结束那罪犯可悲命运的子弹让他在最后经历了几分钟的人间炼狱……"

这时周边听故事的那些女士"啊哟、啊哟"地叫了起来,还有些已悄悄溜走了。

  我不知道当时是什么驱动着爸爸去观看这样血腥的场面，只知道爸爸对于一些阳间生死、阴间鬼魂都有着强大的好奇心，这也是为什么当那个曾说这里聚集了很多魂魄的法师告诉他，以前的鬼对他无害，但是冤死的会是厉鬼时，他也没有太多焦虑。他说自己是八阳之命，也没有做过对不起死者的事，就不用害怕。不过自从那次谋杀案后，的确发生了很多诡异之事。

罪恶之源

有些人注定会让你牢记一生，我一辈子也不会忘了他们两个，当然是完全不同的忘不了。

妈妈离开后，因为知道自己要出国，所以英文一直是我的主攻科目。白天大学上课，晚上我还会在夜校补习英文。那时好像有用不完的精力和动力。我就是在夜校里遇见了这个让我一生无法忘记的男生。

当时我们那个班的同学年纪相对都比较大，我应该是班上最小的一个。对于上英语课我比较认真，也不会太留意班里的同学，但是我无法不注意到一个男生。我上课一般会早到，可以找个靠近老师的座位。不久，这个高高瘦瘦戴着金丝边眼镜的男孩一直会和我差不多时间到，总会坐在我边上，还不断找借口和我搭讪。我一般不会和不认识的人有太多交流，但是这个男孩虽穿着老成，言语中还是透着藏不住的单纯和率直。经过一个学期的交往，了解到他比我大三岁，家里条件优越，住在市中心的一栋小洋房里，是家中独子，父母都是高级知识分子，母亲在国外，他也在等待移居国外的签证。我们就称他小Z。虽然从他时不时的小任性和看问题的单纯性能看出他在甜水中泡大，但是却没有一点被宠坏的跋扈或自大，反而他对人倒是非常真诚热情。接下去发生的事，是他任性和真诚两种性格的典型表现。

有一天，我接到一个男子的电话，叫出了我的名字，让我猜猜他是谁。我对声音的分辨力还是很强的，我和他对应几句只是想从记忆中调出信息，可惜这个声音对我完全陌生，但是他却知道我很多情况，他勾起我本来就很强的好奇心，问他到底是谁，怎么会知道我那么多情况，他在电话那头笑得很开心，说你过几天会知道，就挂了。这件事的确让我想了一宿。过了几天去上课，Z告诉我居然是他让他的朋友打给我的，现在想想这只是一个男孩对其心仪女孩一个善意的玩笑而已，但是当时才十八九岁没有开窍的我，根本没有往那里想，只是觉得一定要以牙还牙"报复"那个让我脑细胞死了不少的恶作剧。我突然有了一个没人能想出来的荒唐念头。

过了一段时间，上完课，和Z同路回家路上，我和Z说自己得了一种病，医生说我可能不久于人世。别问我为什么会编出这样一个不可思议的故事，也许是看了某个电视剧受了启发，想创造这样一种氛围，我自导自演了一个让我后来后悔不已的恶作剧。一开始Z当然不相信，他看着我健壮的身体，红扑扑的脸蛋，哪里像生病，我还要脑洞大开地对他解释我现在只是初期等等原因。不知是我的演技太好，还是他真的很单纯，我的胡乱解释他慢慢地开始相信，然后他问我："那你为什么还要来上课？"我被他一问，倒是一愣，但是很快平静而沉重地说:"我虽然生病了,但是我现在是好的,为什么我不能在我有限的时间内做一些有用的事呢?总不能坐等吧?"说完后我都被自己感动了,果然我看到了Z那崇拜的眼神,心想我们平了,大家都恶作剧一次。本想下次上课就告诉他,但是我这个没心没肺的性格,过了几天都忘了开过这个天大的玩笑。他每次见到我也没有提这件事,可能是怕我伤心,但是他对我更加体贴关心。我一直把Z当作我的好朋友好哥哥,所以也没有多想什么。

一两个月后,有一天下午Z约我在一个公园见面。他晚到了几分钟,看着他急匆匆地跳下自行车,一边锁着车一边不断道歉,说他在和他在国外的表妹打电话所以耽搁了。

我问他找我干吗,我还要急着去练排球。他说给他10分钟。他拖着我坐到了公园的凳子上。他对着我,一脸严肃,我从没见过他如此认真。他从兜里拿出一张纸,他说这些日子自己都在和国外的表妹联系,这是他拿到的国外最新治我毛病的方案,还有药,他说他已经让他表妹寄了一些过来。我还一脸疑惑:"什么病?""就是你上次和我说的呀。"他怜惜地看着我。我突然意识到Z居然把自己编的荒唐故事当真了,还那么花心思地想帮助我,还没等我开口,Z突然拉起我的手说:"Aileen,如不是你和我说你生病的事,我也许永远也没有勇气和你表白,但是你面对生活无情的打击还能有这样积极的生活态度,请让我陪你共同面对。"我好像那见光死的僵尸在他那灼热真诚的目光下,突然化为了灰烬,我觉得自己是千古罪

横滨正金银行，1996 年，39×52cm

人，怎么会变成这样，我希望有个洞马上能钻下去。沉默了几分钟，我不得不面对现实："对不起，Z，那是我编的恶作剧故事，是我不好，没有早点告诉你，我真的没想到你当真了。"这段话我是对着地说的，我完全无法直视他的眼神，声音小得自己都听不清楚，我等着他的爆发和指责，但是他却更温柔地对我说："没人会开这种玩笑，我知道你是因为怕我担心，有意这样安慰我的。"我突然急了，站起来大声说："你看我这样子像生病吗？你还记得你和我搞的那个恶作剧吗？我只是想还你一个，对不起，真的对不起。"他突然意识到自己的尴尬，带着一丝愤慨，他含着泪仓促地离开。看着他那瘦弱的背影，我的愧疚可想而知。

也许老天本想借我的事提醒他以后不要再轻信别人，我也多么希望他吸取这次的教训，因为在我这轻信只是带来尴尬，但我们都还是孩子，没有坏心，只是无心做了坏事，但是进入社会，轻信带来的可能是万劫不复的灾难。

这事以后我打了无数电话，想要道歉，他一直没接，我不得不写了一封长长的道歉信寄到他家里。他是一个阳光善良的男孩，知道我也没有恶意，只是开玩笑没有分寸而已，最终我们握手言和，互相保证今后一定以诚相待，没有秘密。

后来我们也就是以这样的方式相处愉快。他从那次后没有再提过男女朋友的事，可能看出来我只是把他当哥哥，后来我有男友，我们也能共同相处非常和谐。当时有个香港电视剧大家都非常着迷，我会约上几个文艺范的同学去他家，由我按照前一天的剧情安排各种角色和场景。无数个放学后的下午，在他家洋房里演绎着那个电视剧的山寨版。记得有一个场景，Z饰演的男主角需要撑着伞对我饰演的女主角表白，他的表演引来全场掌声，他们都说他比电视里的男主角还用情。我能看出他对我的感情没有变，但是他知道何时该说，何时该停。他就是那么善解人意。

他的热情、幽默、阳光给我和我的朋友们带来很多快乐。在我们相处的那段日子，他不时会给我们惊喜。记得他当时在一个五星级酒店做领班，得知我女友晚上到我这玩，睡在我这，他第二天一早就到宝庆路3号送来惊喜，他说他学了一个新式饮品，特地来做给我们喝。看着他故弄玄虚地点燃威士忌，一会儿烧咖啡，一会儿摇牛奶，那样子就把我们逗乐了，更别说那是我们第一次尝试爱尔兰咖啡。他就是那样一个暖男。

他对朋友都非常尽心，他的朋友们也大都是和他性格相近、比较单纯大气的孩子。我们就这样交换着朋友，友好欢乐地交往着。

过了一两年，Z长大了，正式步入了社会，他的兴趣转向了金融，有了那个圈子新的朋友，我们的接触也减少很多。

对于这个世界他有着太多的憧憬和美好的愿望，他有了闯世界的欲望和能力，但是他从小在优越的环境长大，周边挚友也都是像他一样的单纯、在无菌环境长大的孩子，怎么能抵御这世界亿万细菌和病毒？他缺乏的是对人的辨别力和一颗防人之心。

Z开始在成人堆里混，但是那一米八二的穿着西装的身子里还是一个没长大的大男孩，他的喜怒哀乐都写在脸上，他的每个想法也会毫不掩饰地表达出来。这样的性格在学校那样比较单纯的地方没有问题，但是在鱼龙混杂的社会里是注定要吃亏的。

有一天突然接到Z的电话，好久没有联系，我们聊了会儿家常，他说的东西我也不懂，我说的东西对他来说已太孩子气，他很快转入正题，说他想把他最近结交的非常好的朋友介绍给我，他说我一定会喜欢他。我没有太多兴趣，就敷衍说以后有机会再说吧。没想到过了几天，他在我公司中午休息时，带着他的朋友冲到了我办公室，说他们正好经过这来看看我，我看着这个在他身后身高不足一米七，有点微胖，戴着眼镜的男生一点没有好感，同样是戴着眼镜，眼镜让Z显得更憨厚，而戴在那个男生上的眼镜却让他显得奸猾。Z告诉我他叫威（匿名）。我看人第一面的印象基本是很准的，但是我很容易在交往过程中被影响。威去了卫生间，Z问我对他印象怎样，我不假思索地回答道："你到底喜欢他什么，我怎么看就像个杀人犯。"也许是Z习惯了我平时夸张的表达方式，他笑笑说："你了解他后会喜欢他的。"我当时真的不知道Z看到他什么了，我从没有第一次见面就那么不喜欢一个人的。

后来Z约了我几次和他们一起玩，我都拒绝了。但那一天是他的生日，我和朋友们去了，那个生日派对是威帮Z办的，威那天的慷慨和对所有来客的殷勤和无微不至的照顾，的确让我对自己曾在对他不了解时莽撞的评价有了点愧疚。

后来他们再约我们，我的反抗情绪就减少了，不久大家会隔三差五地聚会，威一如既往地显示着他的慷慨和义气，后来我的一些好友开始和他们私下交往了。那时我们已把威也接纳为朋友了。

由于我一直对金融没有太多兴趣，我和他们渐行渐远，但他们和我一个做金融的闺蜜还是经常有联系。

威好像金融做得不错，很快我们被邀请去了他新租的房子，但地点是在较偏远的某名牌大学给职工的新村公房。地方没有什么特别，楼层在我最讨厌的一楼，而且相邻几户都是空关着，有个后院，引人注意的是施工一半的一个坑，问威是什么，他说是养鱼的鱼池，他要在这里弄个池塘养金鱼。我突然觉得人真的不可貌相，这个看上去枯燥无味的金融男居然还有点情调。

岁月静好地又过了几个月，有一天，闺蜜打电话问Z是否和我联系过，我说我们已有一个月没联系了。我问她怎么了，她说Z的爸爸说Z昨天下午出去后一晚上没回来，而且没有任何联系，说等到明天再没有消息就要报警了。我开始担心起来，因为Z一直是乖乖男，平时不会这样做。我也试着问了他的朋友，都没有他的消息。

到了第二天，我和闺蜜去了Z父家中，他还没有报警，我们都很奇怪，问他为什么不报警。他说了他的顾虑。他说他打电话给威问他是否见过Z时，威说没有见过。听说Z失踪了，Z爸要报警时，威告诉了Z爸一个惊天消息："Z可能是暂时逃跑了。"威让Z爸看看他自己那些存折是否还在。他打开自己很久没有打开的那个存放存折的抽屉，一下子傻了眼，所有的存折都没有了，一共大概20万。要知道当时20万不是一个小数目，除了儿子，不可能有别人能打开。威告诉他Z是携款跑了，如报警可能会影响Z的前程。可怜的老先生当时头脑一片混乱，无法理智分析发生的一切，他一筹莫展。我不记得当时我们是怎么劝Z父亲的，但是回去想一想Z不可能做这种事，钱的确是不翼而飞了，但这本来也是他们家的，虽然我也知道他接触金融后在理财理念上和他传统的父亲有过激烈的争执，但是所有这一切真的不像我认识的Z做得出来的，难道是这几年变了？第二天得知Z父亲还是报了警，我想他也冷静分析过了，觉得报警才是正确的做法。我的心从那时起就一直被这事牵着。我们不断打听着新消息。

一个深夜，我在床上看书，突然门慢慢打开，昏暗的灯光下我看到Z站在我面前，"你去哪里了？全世界都在找你，你怎么现在才出现？"我声嘶力竭地叫着，我的眼泪不断往下淌，一半是因为找到他的激动，一半是怪罪他的失踪。他沉默了许久，说了一句话："我只想来看看你，说一句再见。""什么再见？你快回去。"我想起身拉住他，但是怎么也抬不起腿。突然他消失在空气当中。Z，Z，Z。不久我发现自己在床上流着泪叫着他的名字，手里拽着我的枕头，眼睛往他站立过的地方看，什么都没有。是太像梦的事实，还是太像事实的梦，我实在分不清楚。我很乐观，告诉我的闺蜜这个似梦非梦的经历，也许是我们即将找到Z的好迹象。

我的猜测没错，但是只对了一半。不久警方找到了Z，他被埋在了威那个所谓要做鱼缸的水泥坑里。由于被埋的时间已久，找到时，都已无法清晰辨认出他那张曾经那么清秀的脸。我们都惊呆了，一般人一辈子都碰不到谋杀，虽然我经历了西服厂那次杀人案，但那一次是激情谋杀，这次被害的是自己的挚友，而且谋杀他的竟然也是大家熟知的所谓"朋友"。

我们参加了Z的追悼会，想看他最后一眼，但是所有女生都被劝退了，我们被告知还是留下我们记忆中的Z，因为被残害的他，已面目全非，会吓到我们。看着灵堂他那张笑得如此阳光灿烂的照片，我哭得站不住，不断地问："我们怎么会在你风华正茂的年龄在这样的场合和你告别？你的一生才刚开始，还有那么多我们该为你庆祝的场合，你的出国深造、你的婚礼、你孩子出生……为什么？为什么？"

为什么命运会对Z如此不公我们无法知道，但是为什么威会对Z做出如此惨绝人寰的恶行，倒是渐渐明了了。

当看到一夜间白了发的Z爸，哭昏在儿子的遗体边，觉得这是一个父亲可能受到的最痛最残忍的打击了，但是接下来警察透露的整个事件的那些令人发指的细节把Z父推入了生不如死的深渊，这是一辈子都不能忘记的仇恨，别说是Z的父母，连我都有了杀了威的心。我开始怪自己为什么老天给了我对他这么精准的第一印象，而我却没有能阻止Z和威的交往，为什么让一个魔鬼进入了我们的圈子？所有的后悔都无济于事，留下一片狼藉。

我尽量还原事实，但是很多细节都是久远的记忆，可能与实际情况有一定误差，请谅解。

由于我从小在宝庆路3号长大，看了太多那些有钱人之间的纷争和自私自利的嘴脸，我一直对有钱人有着很深的偏见，我更喜欢接触那些普通家庭，因为我觉得他们会朴实和简单一点。

等成熟一点就明白了，好人坏人哪里都可以产生，不能一棍子打死。这不就是一个单纯善良的富家子被一个城府深、贪婪、恶毒的穷小子摆套、算计、残害的故事吗？

流氓并不可怕，有文化的流氓才可怕。威出生于一个整天要为生计奔波的家庭，父母都没有什么文化，他从小就有小聪明，读书也不错，但是寒酸的穿着和破旧的装备一直被同学嘲笑，他知道读书是他唯一出路，他不断学习，发誓要挣很多钱出人头地，所以他走上金融这一行也是意料之中。

威给自己定的人设就是一个慷慨义气的金融高手。当威看到Z这个带点傻气的富家子对金融感兴趣，他就像鲨鱼闻到了血，感到他的时机到了，一定要好好从他身上赚一笔。

不久威发现，Z的一些私房钱根本不够他玩，于是他让Z问他家里拿钱。Z就去探父亲的口气，告诉他现在的投资理念，想让爸爸同意投资。没想到保守的爸爸除了银行什么也不相信，他警告儿子别被人骗了。

Z告诉了威父亲不愿意，威当时没有反应，但是他已暗暗地策划着下一步。过了一段时间，正好有一波利好消息，Z的投资账户里的金额涨了很多，威就借机大做文章，他告诉Z，他正在错过一个一生没有几次的机会，他可以轻易给Z的投资翻个倍。那时的威早已取得Z完全的信任，他知道Z父有很大金额的银行存款，他开始怂恿Z去把家里存折偷拿出来，而且越快越好。他告诉Z存折1年后才到期，利息10%都不到，他可以在这时间把金额翻倍，到时候他爸爸会为他自豪。

Z被说动了，他决定这样做了。毕竟是一家人，拿到父亲的证件、印章、钥匙对Z不是很难的事。Z一直是乖仔，这件事他是需要勇气的，但是想在父亲面前证实自己的成熟和能力的欲望战胜了被发现的恐惧。就是这一念之差，毁了自己美好的前程。

威得知Z成功把款搞到手，他们就有了一个协议：资金由他来操作，盈利部分他抽部分佣金，他同意在存折到期前把款还给Z。威对自己的技术似乎有十足的信心，想着自己终于可以翻身，Z更是兴奋地等待用事实向父亲证实自己投资理念正确的那一天。

一开始还不错，他们有一段时间经常请客，我想是他们一定赚了不少。随着资金的增加，威的胆子越来越大，后来市场波动，他们的账户开始缩水。威拿着不属于他的资金孤注一掷地炒作着。Z抱着对威的信任，总认为明天会更好，但是眼看着归还日期的临近，资金非但没有成倍增加，反而倒赔了很多，Z开始坐不住了，他和威商量是否能尽早止损，退出来算了，威好不容易得来的机会怎么会这样拱手放弃，他说了一堆专业推算，借口时间没到，还有机会反转，心里盘算着下一步该怎么做。

日子一天天过去，市场没有回转，一天几个利空，直接击穿了未见过大世面的Z的心理底线，毕竟这是他背着家人拿出来的钱，他感觉天塌了下来，他失控地对着威大喊，如果他再不把钱还给他，他就要报警了。

"报警"对于Z只是一时气话，可对于威那是彻彻底底的威胁，而且对于一个卧薪尝胆那么多年，哪怕那个威胁只有1%成为可能，威也绝不能允许。为了稳住Z，威说给他一个月，他就会把资金调转出来。

威思前想后了很久，他明白如果他不交出款，Z不会罢休，他交出去，那么这几年花费那么多精力、财力得来的金主就付诸东流，而且要再找到Z这样单纯容易骗的又谈何容易。这也许是他这辈子能碰到的最多的资金，他的一生也许就在此一搏。贫和贪一点之差，穷怕了的威脑海里开始策划起一个自认为"完美"的犯罪方案。

他想着Z的钱拿出来家里并不知道，也没人知道是和他合作，如果Z失踪，他就可以告诉大家Z携款而逃，自己便可以完全侵吞这笔巨款。从那天起他开始部署起Z的失踪。

首先，他需要彻底解除Z对他的任何芥蒂，他开始向Z道歉，告诉他钱绝不能影响他们的兄弟情义，他借钱也一定帮

Z把爸爸的款尽快还上。同时他开始寻找行凶的场地，那个偏远的没有邻居的职工宿舍就是他理想的选择，我想他当时邀请Z和大家去那个地方也是为了以后让Z去那里，Z不会觉得很突兀吧。可怜的Z当时还为那个以为是养鱼池的空间出谋划策，哪里知道这个一米九的坑是为他量身定做用来毁尸灭迹的。

威有了行凶场地、埋尸手段，心想需要一个帮手，毕竟Z一米八二，自己一米七都不到。居然世界上就有一个如此蠢蛋，听到五千元的价格，工作只是帮忙搬运一下尸体，只需几分钟，而且保证不会需要帮助杀人，就与威签下了恶魔协议，不可思议的是这个二十出头，长得憨头憨脑的小子家里并不是没有钱。

至于杀人工具和方式是威自认最得意的环节，安眠药和煤气是可以杀人不见血的最好方式。

万事俱备，威把Z约了出来。他们像往常一样吃了饭，威告诉他家里有瓶别人送的好酒，让他去品尝，Z完全没有戒备地去了。

一切都按照威的安排进行着，回到房里他们喝了很多酒，其间威还拿出几颗药片告诉Z这是酒后保肝的保健品，他知道Z一直非常相信保健品，看着威自己吞了几颗，Z也合着酒吞下了这些药片，当然威吃的是维生素，而给Z的是安眠药。药性很快发作，Z昏睡过去。威打开煤气，关紧窗门，走出去和他的帮凶见面。所有的一切都那么顺畅，眼看自己的阴谋就要得逞，他开始和帮凶预先庆祝了起来，他们想着两小时后回去，只需把Z从床上放到那个坑里就好了。

他们回到家，看傻眼了，Z居然睁开眼睛愤恨地看着他们，由于药物和煤气的作用，全身无力，但还是想挣扎着起来。嘴里喊着救命，但是声音太微小，威赶快打开收音机掩盖声音，然后再塞了药，煤气开足，丧失人性的他再次离开，他希望再过一小时，药性毒性会让他阴谋得逞。他的帮凶吓傻了，说不要钱要回家了，威说他已是杀人同犯了，走也是死路。如果这个傻胖子知道他接下去要经历的事，不管威怎么威胁，我相信他也会跑的。

他们等了一小时回去后，Z居然还有意识，威开始崩溃了，他完全没有想到这个计划会不成功，所以他连匕首也没有准备。他发疯似的在屋里找工具，但是没有任何锋利工具，只找到一把生锈很钝的螺丝刀，他操起来气急败坏冲入房间，想一刀插入Z的心脏，但是杀人哪能那么容易，更别说用的工具不是刀，他根本刺不到致命处，强烈的疼痛使刚才不能动弹的Z有了垂死挣扎的力气，他用尽最后的力气和这个魔鬼纠缠着，那个傻胖子看傻了，威大声叱喝他过来帮忙，被吓坏的他像僵尸一般移动过去，眼睛一闭压住了Z，他不知道正在发生什么邪恶，不知过了多久，Z停止了挣扎……

后来，负责调查的警察和我们说："你的朋友走得很痛，时间也很长，他身上几十处伤口，都不致命，最后是流血过多，我们来时整个房间已被处理过，墙也刷了，但是我们用特殊灯光一照，满房间的血迹。"我听了脚都软了，需要找一面墙稳住自己。

我们问为什么那么快破案了，警察告诉我们，其实Z失踪那天留了纸条给父亲说要去见威，而且还有很多蛛丝马迹都把嫌疑人指向威。他们就把威带回去协助调查。当时的确没有直接证据，但是有经验的调查警察经过几天轮流审讯，打破了威自以为很坚固的防线。他交代了所有的罪行。

我们出席了对威的审判，也许他知道自己死刑已定，在自辩时没有任何忏悔，他说自己论天资、论努力都比Z优秀，凭什么Z要什么有什么，自己却什么也没有。他说如果时间能倒转，他还会做同样的选择。他的话颠覆了我们的认知，我们无法理解，那么些年称兄道弟的表面怎么能隐藏了那么多嫉妒那么多恨？这是我第一次也希望是最后一次那么近距离接触到一个内心如此冷血没有人性的灵魂。金钱不是罪恶之本，对金钱贪婪的欲望才是罪恶的起源。

我不能想象Z最后到底经历了怎样的炼狱，这样一个对人生充满希望，对生活如此热爱的他，是否最终对人性绝望至极？也许你的善只有天堂才不会被辜负。

Z离开时，他的移民排队只剩下几个月，父亲不断自责自己没有和儿子好好沟通，母亲无法停止不自觉地责怪丈夫没有把儿子保护好，最终两人以离婚告终。一个本可以很幸福的家庭随着Z的离开烟消云散了。人们很难从如此重创中走出来，他们也永远回不到过去，只希望随着时间的推移，伤痛会减轻一点，愿命运能从此善待这对苦难的父母。

爷爷的危机

朋友们经常感叹我的没心没肺，夸奖我对许多失去事物的看开和无所谓。喜欢不断挑战新鲜事物的我也常常被误认为喜新厌旧，其实当我找到自己真正喜爱的物与人时，就变得非常恋旧了。熟悉我的朋友是不会让我点菜的，否则几十年也尝不到新的菜品，我的淘宝可以看到一个商家同一件物品几年不变的成交记录。

许多东西不是我看得开，而是懂得了看不开又能怎么样的道理。小时候我们的生活是在加法中进行着，学校每天增进着你的知识，每顿食物加快着你成长的速度，你对生活的期望也会越来越多，从盼望每学期的结束到顺利毕业，寻到合适工作，巧遇那个对的人，到憧憬结婚生子，很少有时间让你回头看看任何事物。当生活除了体检指标不可控地往上升，其他开始处处做减法时，才意识到你用在对将来期望的时间已远远不及你对过去的留恋和回顾了。

没有失去过，永远也不会知道自己曾得到的是那么珍贵。小时候被长辈的宠爱和关怀围绕觉得天经地义，虽然得不到父母足够的关注，但是现在想想有父有母已是幸运，那时爷爷、叔公、外婆的宠爱我已受用不完，认为身边所有的一切都会永远陪伴着你。

第一次经历生离死别是失去外婆，虽然只有6岁的我在葬礼上抱着柱子大哭不肯离开还怒斥豆腐羹饭的意义，但是毕竟年幼，那种痛的记忆慢慢有点模糊。在我十几岁的年龄，老天让我知道了命运会在任何时间无情夺走你的挚爱。

外婆过世，叔公去了美国，父母忙于自己的生活，我能够黏着的只有爷爷。其实想想从小捣蛋的我，没有让爷爷省心过：他下棋我捣蛋，他要看书我让他给我背书，妈妈敲他竹杠我做小帮凶，我发牛脾气爷爷就是受气包，最过分的是有一次我扔过去一本书使爷爷的眼睛留下了永久的伤害，自从那次后他看东西都有一条黑线，但所有这一切丝毫没有减少爷爷对我的宠爱。我至今还记得6年级，妈妈阻止一个我喜欢的男孩对我的表白，并不许我再和那个男孩见面。"失恋"的我哭得稀里哗啦，到爷爷处求安慰，爷爷一边抚摸我的头一边说："孩子，你还小，现在也许你会感觉那个男孩是你的全部，等你长大了，你才会知道什么样的人才真正适合你。不适合的喜欢是无根的树，不会维持很久。性格相冲的人相处，就像两个不能磨合的齿轮硬放在一起，最终两败俱伤。"当时的我沉溺在情绪的波动中，根本没有去好好体会这一句至今还须不断提醒自己的教导。

捣蛋成性的我不断研发各种恶作剧，家人、朋友，哪怕路人都曾是我的试验对象。唯一不敢尝试的是母亲。"最爱的人，伤我最深。"如果爷爷在世听到这句歌词,他一定深有感触,最爱我的他,的确被我"伤"得最深。我的捣蛋的创造力在爷爷身上体现得淋漓尽致,最喜欢的一件事是趁爷爷睡觉爬到他床上把他的上眼皮拉下来和下眼皮粘一起,由于老人皮肤松弛缺少弹性,加上油性皮肤的爷爷醒来多半是漆黑一片,看着他皱着眉头挣扎着把松弛的眼皮归回原位时,我就在一旁大笑。也不知何时养成了这种把自己的快乐建筑在别人"痛苦"上的陋习,当时我的确从恶作剧中得到了很多快感,使坏的欲望并没有随着对爷爷的爱和依恋的与日俱增而减少,也许我就是那种越爱越想虐的类型吧。

突然有一天觉得爷爷老了,他不太愿意走动了,头发也白了很多。那天拿着书想让爷爷背书,我从不准备背书内容,都是爷爷说一句我记一句,所以我的所谓背书时间是别人的几倍,其实就是要爷爷陪着做作业。爷爷从没有怨言。但是那天爷爷睡得很沉,好不容易醒来,却连拿起我书本的力气都没有。现在想想自己当时也不懂事,爸爸说过爷爷已被脚痛折磨了几个月,痛得整晚整晚睡不好,那天可能实在太累了,好不容易睡着了,又被我叫醒了。爷爷勉强坐起在床上,摸着自己那条消瘦得落形的小腿,对我说:"小宝贝,爷爷可能有点危机了。"对于一个小孩,最大的"危机"莫过于到医院打针了。"爷爷,爸爸说明天你要去打针,不怕的,我陪着你,拉着你的手就没事的。"看到打针怕得要命的我学着大人安慰我的话安慰着爷爷。那天以后,命运教会了我什么是真正的"危机"……

M 的故事

爷爷有过很多学生,但是只有一位和爷爷联手写了两本书。不能说她是爷爷学生中最有才气的一个,但也许是她开朗的性格或者是她不凡的经历,使她成了最得宠的那个。

第一次见 M 女士,就留下了深刻的印象,她那浓墨重彩的衣着在那一米六八的个头上更显突出,说她从刚果回来比说从日本回来更具说服力。她的丈夫倒是浓眉大眼,一米八的高个,颇有点艺术气质。她挽着老公的手臂,宛然一幅小鸟依人的情景,不知道的还以为是刚开始热恋的情人。

M 第一次遇到做话剧演员的老公就一见钟情,结婚多年还是如胶似漆。在那时的出国热潮中,M 得到一个去日本学习的机会。M 和老公打算好,自己去后就安排老公过去,两人一起闯世界。但是生活永远不会按我们的意愿去发展,M 到了日本,凭着刻苦和努力倒也闯出一片天地,积攒了一些财富,她积极地为老公办出国手续,但是一次次的失败使他们对将来产生了迷茫。

她回来探亲,有个机会认识了一个算命的老头,他们就决定偷窥一下未知的将来。算命的看了两个人的八字,眉头不

测字先生,2000年,29×41cm

经意地皱了一下告诉他们:"你们在一起会很开心、舒服,但是……我看不到你们超过10年的缘分。"这句话让这对相爱至深的夫妇陷入了沉默。

回家路上,M一面假装没事地劝着丈夫说这种算命都是骗人的,一面不断琢磨那句话。她想这就是为什么老公签证屡屡受阻的原因,如果她继续留在日本,也许这段婚姻会有危机。想到不远要到来的10周年结婚纪念,M有了一个大胆的设想。不久她回到了日本。

这次回去,老公觉得M和自己联系少了,看到周围很多夫妻一方出国最终天各一方,想想自己老婆长相、能力都非同一般,而且在日本又比较成功,他也不禁想到那句算命人的话,觉得可能真的要应验了。有些爱叫成全,他想,只要自己爱的人幸福,他也会送上祝福。

日子一天天地过去,看着年底周年纪念日的临近,心想妻子也许早忘了这个日子。他突然接到M长途电话,心里觉得可能不是什么好事,急忙接起但假装镇定:"什么事不能写信,要花钱打电话?""周五下午1点来机场接我。"老公一惊:"你不是几个月前刚回来探亲吗?这样来回飞机票太贵了。"M好像完全没有听老公说的话:"周五弄一辆大一点的车,我有很多行李。""我让你不要给我带东西,我什么都有,别浪费这钱了,你在那挣钱也不容易。"老公心疼地数落着。M没多说就挂了。

电话挂了后,老公想想觉得蹊跷,机票价格昂贵,老婆回来间隔一般不会很短,而且工作原因回来时间也不会很长,为什么要大包小包?心里想到那句话,觉得可能是老婆要回来和他告别了,大包小包可能是最后的补偿吧。

做了最坏的准备,周五他借了辆大车来到了机场。见到老婆,发现推着行李箱的老婆已被行李淹没,他实在不明白为什么要带如此多的东西。M见到老公一把抱住了他:"我回来不走了,这几个月我把日本的事做了一个了断,就是要赶在我们10年结婚纪念回来,人定胜天,命里说看不到我们10年缘分,我就一定要杜绝一切会把我们分开的可能,我虽然喜欢日本,但是再美好的地方没有你也会黯然。"那个年代国内和国外的条件天差地别,出去了哪怕混得一般也不愿回国,更何况M在日本已发展得很好。看到妻子为自己做出如此牺牲,老公在无限感动中不免为自己一度对妻子的怀疑而感到万分愧疚。他抱住M,世界上没有比得到真爱更幸福的事了。

我们一起庆祝了他们。他们居然打破了命运的安排。

我多么希望这就是故事的结局,这将会应验了每个女孩曾有过的 happily ever after 的童话。不过他们的故事的确也证实了真爱的存在。

M回来后买了一套新屋,由于她一直很喜欢我妈妈对房间的布置,她在新屋里复制了很多我们家的元素。把小家安置好,就开始备孕,对新生活的期待让M容光焕发,每次见到她,整个人都好像在发光。相比之下她老公状态有点萎靡。不过积极备孕期间的男人,这种状态也算正常。

但是很快 M 却发现老公明显消瘦，脸色苍白，就带他去做了检查，肝癌晚期……十周年结婚纪念日陪伴她的只有他的照片。

有些爱连天都会嫉妒。所有的计划、安排，在命的面前变得如此渺小。写到这里，电台里响起了《红磨坊》的主题歌 *Come what may*（无论发生什么）。电影里男女主角的真爱克服了种种困难，但命运还是让他们阴阳两隔。

M 在失去丈夫后又去了那个算命人那里，她真的不该去，因为那个算命的告诉她的一些话使她内疚了一辈子。她把发生的一切告诉了算命人，他说："命不该一起，人不拆，天拆，本来你们天各一方，也应验了分离。"

后来 M 一直怪自己不该回来，害了丈夫。后来她更富有了，但是始终单身，有些爱可能需要一辈子来回味、品尝。

父亲过世时，她没来参加葬礼，我还奇怪她的缺席，后来得知她在我爸爸过世前几天也因病离世了。爷爷买墓地的时候，她在旁边给丈夫和自己一起买了一块墓地。现在她又能在老公边上，有爸爸和爷爷做伴。也许他们的世界会比这里更精彩。

上领奖台

上帝在一处关了门，一定会在另一处开扇窗。M 在感情上受到了沉重的打击，但是在写作事业上有了很大的突破。她那种执着的精神感动了爷爷，她成了爷爷最得宠的学生。她失去丈夫后，写了一本纪念她老公的书。之前和爷爷联手，创作了两部小说。在我记忆中她对历史并不熟悉，写作也不能说有太多天赋，不敢说 M 为这两部小说在文学上作了多少贡献，但肯定的是她给了爷爷许多写作的灵感和动力，以至于爷爷毫不犹豫地加上她的名字。后来她成了我们家的常客，我们也都把她当成了家人。

在我有记忆开始，我只知道爷爷心脏不好，也不见爷爷常去医院。这次爷爷的状态的确令人担忧，他一直抱怨腿部疼痛，大家都以为是年纪上去了由于骨刺等老年病造成的，去医院也只是给打一些封闭针，吃一些消炎药，但是病痛完全没有减轻。

就这样又看了几个医生，都没有解决问题，直到遇到了一个比较细致的医生，看了爷爷的情况后问起了病史，那时才知道爷爷居然在十几年前得过膀胱癌，当时是早期，只切除了部分膀胱。第一次发病是有了血尿，所以及早被发现了。这次的症状和癌症复发很难联系起来，而且癌症过去了十几年，被忽略了。医生当时说："这个脚痛如是由于骨刺等造成，那些治疗或多或少会起一定作用，你非但没有缓解还有加重，加上你有癌症的病史，我怀疑是否有癌症复发的可能。"

当时的我对癌症这个词只停留在书本上的表面理解，虽然知道是绝症，但是处于对打击的否认期，我觉得只要尽快治疗一定会没事的。但是看到陪着爷爷的伯父苍白的脸色，我开始有了一丝恐惧。

接下去的各种检查、测试证实了那个医生的说法，爷爷的膀胱癌复发了，而且已经扩散，他的腿就是癌细胞扩散引起的疼痛，封闭不仅减轻不了他的疼痛，可能还加快了转移。家里的气氛变得沉重了，我还是照旧在爷爷房间做功课，看着躺在床上日渐消瘦的爷爷，心里说不出的难过，但是表面上我还是嘻嘻哈哈地和爷爷说笑，做惯了开心果的我，觉得家里大家很少有笑容，想给爷爷调节一点气氛。

经人介绍，我们找到了华山医院的一位老教授。这个教授居然是爷爷的忠实粉丝。爷爷去看门诊时，这位赫赫有名的大专家不顾门口的排队长龙，忘情地和爷爷讨论起《金瓯缺》，六十多岁的他还能把爷爷书中细节娓娓道来，可想而知他是有多么喜欢爷爷的作品。在护士的委婉提醒下，他才突然意识到爷爷来的真正目的。

在他之前其实爷爷已看过几个医生，每个医生的结论基本是一致的：手术意义不大，风险太大，保守治疗是唯一方法。那张其他医生花一两分钟看的片子，老教授看了十分钟。也许他无法接受他所看到的结果，或许他在想为世界留住这个文学才子的对策，更可能在想怎样做才能不给自己留下遗憾。

"我认为可以开刀。"本以为这次的门诊只是再次确认以前医生结论的爸爸和伯父被这个决定懵住了，还没缓过神，这个权威专家又说："我已基本不再手术，但是基于这个手术的复杂性和高风险，我决定由我主刀，这样成功概率会高一些。我会出一个手术方案，下周我们再讨论具体事项。"大家带着希望走出了门诊，教授同意开刀就是有救，这是根大家期盼了很久的稻草。我们眼睛都不敢眨地紧紧揪着。

这样一个大手术对于一个73岁的病人和已过退休之年的大夫都是很大的挑战。想必两位老人都经历了多个不眠之夜。虽然爷爷表面非常镇静，但是现在回想许多细节，觉得他也许有过一些不好的预感。

医生给出四月底的手术时间，但是爷爷提出要延后几周。老教授托了一下眼镜焦急地说："徐老，这病能早开就早开，如果延后，我们的手术可能就要延迟到五月中以后了。"爸爸和伯伯也在旁边急促地询问爷爷要延迟的原因。爷爷沉默了很久，起身握紧了老教授的手，坚定地说："教授，我非常感激你为我所做的一切，但手术还是五月做吧。"老教授握着爷爷的手好像感应到了什么："好吧好吧，我们先把该做的预备工作做了。"

短短几米,爷爷走了很久

四月陪爷爷领上海优秀小说奖,五月爷爷就离开我们了

爷爷没能看到《金瓯缺》获中国最高文学奖,是我替他站到了领奖台上

回家路上，大家看到爷爷一脸的严肃也没敢多问。到家了，劳累了一天的爷爷一头瘫倒在床上，爸爸和伯父为了让他休息都退了出去。我趴在爷爷的床沿，拉着他的手，把头枕在他的手臂上，弱弱地问："爷爷为什么你要延迟开刀呀？是你怕手术吗？"爷爷勉强靠着床头撑起了那被病魔折磨得有点变形的身体，摸了摸我的头说："爷爷的小说已被送入了上海市庆祝建国40周年优秀小说奖的评选之中，有内部消息说我已得奖了，4月28日是颁奖日，我不能错过这个日子。爷爷花了一辈子的心血，能得到这样的认可我也不枉此生。当然我最终的目标是能拿到茅盾文学奖，不过我也不知道这辈子是否能圆到这个梦。我虽然不能像你的太爷爷给你们留下很多资产，但是希望这本书将是你们可以引以为豪的资本。你奶奶也会为我高兴的！"由于生病，爷爷的眼皮耷拉得更加厉害了，原本不大的眼睛被松垮的眼皮遮盖到只剩一条缝，但是那淡淡的忧伤和不舍的眼神是那么明显。喝了口水，调整了一下哽咽的声调，爷爷继续说："其实我延迟手术还有一个原因，那就是想和你们多相处一段时间，我不害怕手术本身，对于一个每天被剧痛折磨的人，想得到解脱的欲望已超过对死亡的恐惧，但是我舍不得你们。"

"爷爷，爷爷，你不要瞎说，你不会有事，教授给你开刀，你一定没事。"我近乎歇斯底里地叫着，好像那高频的声音能稳住我心里的害怕，但是那听似坚定的语气被我不断掉下的眼泪出卖了。"爷爷没事，爷爷没事，爷爷会为你们和病魔斗争，乖孙女别哭了。"现在想想幼稚的自己非但没有安慰到爷爷，还让他为我担心了。爷爷吃力地用那双颤抖的双手抱住了哭哭啼啼的我。在我后来的生命里，好像再也没有这样感觉被深爱着的拥抱了。

终于收到正式通知，爷爷的小说《金瓯缺》荣获了上海市庆祝建国40周年优秀小说奖。颁奖那天，爷爷花了很久才吃力地穿上了新定制没多久的西装。爷爷那时走路已经很困难了，我们搀扶着他到了镜子前面，爷爷看到那一个月前才定制但是已显大的西装说："看来只能靠实力了，指望容貌是没可能了。"我们为爷爷得奖而开心，但是多么希望他能在健健康康的情况下去领奖呀。

我和伯伯陪着爷爷到了颁奖地，文学才子们聚集一堂，有的志同道合地高谈阔论，有的同行相斥地窃窃私语。我们搀扶着走累的爷爷先坐了下来，那时爷爷已非常虚弱，腿上的痛让他无法一个姿势坐很久。

台上各位领导一一发言。

我转头看看爷爷，他的目光已聚焦在远处，他一定在回忆自己在破旧的出租屋中和奶奶构思这本书的甜蜜，他可能想到"文革"中提心吊胆的日子里挑灯夜战的艰辛，他想必感谢福建人民出版社这个伯乐在他的小说被上海的出版社一次次退回后让大家有机会看到了如此优秀的作品。

"请获奖者徐兴业同志上台领奖。"我们的思绪被大家的鼓掌声打断了。我马上站起来扶着爷爷往领奖台走去。座位到奖台——两米,《金瓯缺》从艰难的开始到今天的成就——一生。我没见过爷爷流泪,哪怕在癌细胞疯狂侵蚀他的肉体时,但是当接过那本红色奖状时他却老泪纵横。爷爷,我为你自豪。为什么老天没有让你多陪伴我一点时间……我太想念你。

没有道别的离开

终于定下了手术的日子——1990年5月22日。爷爷几天前被安排住进了华山医院,那是我第一次真正接触医院,当时对细菌、病毒还没有太多认知,令我恐惧的是那里的气味。我有着异常敏锐的嗅觉,哪怕我的鼻炎让我鼻子堵塞我还能闻到一般人所闻不到的气味,医院里那种消毒水、各种食物、卫生间传出来的异味交杂出的浑浊气味,一般人勉强能接受,对于我是排斥到要不自主恶心的程度,所以我很小养成了一个很不好的习惯——用嘴呼吸,这样我可以闻不到那些难闻的气味。

那时我放学去医院,心里只想着爷爷快点出院,我可以不要再闻到如此难闻的味道。做完检查的爷爷在床上有点倦意,但是却不肯休息,他让一家人围在他身边,开始回忆各种生活点滴,提到了奶奶,眼神聚焦在远处,带着一丝忧伤:"她是我一生的爱,我等了她一辈子,我给过她她的最爱(他们不幸夭折的女儿),也是我一手夺走了她。""爸爸这不能怪你,妹妹生病你也不想的。"爸爸安慰着有点激动的爷爷。"但毕竟是我下棋的朋友传染了你妹妹,是我贪棋,她一直没有原谅我,也许我再也没有机会说抱歉了。"爷爷开始变得沮丧。"爷爷,你瞎说什么，等你开好刀，我们以后一起去法国找奶奶。"我看着气氛越来越沉重，只想尽快改变话题。

现在想想，也许爷爷真的有预感，他在医院这几天，我们在时他再累也不睡觉，哪怕说不动话，就一直看着我们。我当时会尽量说一些让爷爷开心的事，我知道他很喜欢他的一个学生，爷爷唯一合作写过书的M。"爷爷，今天M来电话说这几天她在外地，明天你手术前，她会来看你。""是吗？她倒是很久没来了。"很久没看到爷爷眼里流露的那种期待。爷爷一直非常敬佩M对爱情的专一以及对写作的热情和投入，M让他看到了自己和想到了奶奶。看到的是她和自己一样专一的感情，想到的是她和奶奶当时一样对文学的痴迷。我想这也是爷爷决定和她一起合作写书的缘由。《金瓯缺》的雏形就是爷爷和奶奶热恋时的结晶。在与M的合作中，一开始也许爷爷找到了他思念奶奶的寄托，但不知不觉中M或许已变成了奶奶的化身。"那你告诉她我手术的时间了吗？"爷爷着急地问我。"说了，说了，你放心。"爷爷想见M我能理解，但当时不解的是爷爷何必那么紧张，如开刀前见不到，那手术结束她还是能来看望他的。

第二天的手术安排在早上9点，我们很早赶到医院，着急的护士已把爷爷推出了病房，我们到时，爷爷已在走廊的过道中等待被送入手术室。我们围在爷爷身边，安抚爷爷有点紧张的情绪。"爷爷，你别害怕，我们在外面等你，你出来就能看到我们。"那时的我说得那么肯定，因为在我心里那是必然。

爷爷点点头，拉着我的手有点颤抖。突然他开始微微抬起头环顾四周，我几乎忘了 M 要来的事，看到爷爷有点着急，我想他在找 M，也开始寻找 M 的身影。又过了十几分钟，没等来 M，护士却争分夺秒地早来了，她们说手术可以提前一点开始，她们一边推着病床，爷爷一边轮流拉着我们的手，我看到泪水从他的眼角滑了下来。我们很快被拦截了，远远地我看到爷爷最后抬起头望了远方一眼，我无从揣测爷爷当时的想法，也许他想最后看我们一眼，也许他还希望能见到最终没有出现的 M。

灾难和幸福都可以在下一分钟出现，谁能想到早上的告别居然成了永远的分离，几小时的等待，等来了阴阳两隔。老医生一脸愧疚告诉我们，爷爷手术中弥漫性出血，他用尽办法，回天无力。大家愣在一边，处于否认状态，好像这一切都可能是噩梦而已。还没等我们反应过来，爷爷被白布盖住推了出来，看不到他的脸，只有那只苍白没有生命迹象的手露在了那白色床单外，这可是早上还紧握我的手呀，我一下子控制不住嚎啕大哭，蹲在了地上。第一次那么近距离地面对了死亡，而且是那么突然，那时命运让我知道了什么是失去，什么是遗憾。

M 下午拿着水果来看爷爷，无法接受爷爷已不在人世，知道了爷爷一直在等她，遗憾陪伴了她一生。很多年后，她还在责怪自己的错过。

虽然对于爷爷当时是否应该开刀有很多争议，但是我认为如果不开刀，爷爷也许能再拖几个月，但会是很痛苦的几个月，这样的结局也许可以为爷爷避免了煎熬，每次这样想，我就不再纠结了。

如今爷爷、奶奶、爸爸、妈妈、M 终于可以在天堂再次相聚了，让人间一切的遗憾在天堂弥补，祝你们在天堂一切安好。

白发爷爷

宝庆路3号的过客很多是鱼龙混杂,奇葩层出不穷,但还是有一些非常值得敬佩的人出现过。其中两位我记忆犹新。

一位是我爷爷的朋友。爷爷在的时候有很多很有素养和有着鲜明个性的朋友,当时我不知道为什么,但就是非常愿意在爷爷来朋友时,默默地坐在一边倾听,虽然对他们的话题一知半解,但就是觉得非常有兴趣。现在想想如果爷爷能多陪伴我10年,那将对我的成长受益很多。我爱我的父母,但是说实话他们真的不善于规划生活,他们的许多决定最终让自己处于一个非常被动的境地,所以也不能指望他们对我的成长有多大的帮助。

由于缺少指引,我走了很多弯路,但也许是基因的作用,我觉得从小到大我还是自带一份对人的爱和维护正义的心,不过不得不承认随着年龄的增长和对人心一次次的失望,这种爱在慢慢减弱。希望在走完人生前,不要让这种信念消失。

有一阶段,一位满头银发的爷爷经常来我们家。听爷爷说他一辈子为了坚持自己的信念吃了很多苦。他所经历的沧桑写满了他的脸庞,但是他那挺拔的身板和得体的装扮下藏着一份

仙幻，1996年

骨子里的傲气，看得出这世上所有的不公、黑暗和背叛没有击垮他的那份斗志和对自己信念的追求和执着。

他来访时，经常和爷爷因为意见不同吵得面红耳赤，当时的我不懂为什么吵成这样还要一直来，现在想想这不是友情最好的样子吗？既能讨论三观相同的话题，又能对于不同的观点各自表述自己的论点、论据，不怕对方不悦，目的也不是为了改变对方，而是可以让对方从另一个视角看一下问题，这样对于事物大家都有更立体的认识和见解。争执完毕，互相还能拍拍对方肩膀，说一句，迟早你会明白。特别羡慕他们这种灵魂的撞击，现在的人，在一起不是谈吃喝玩乐，就是各自捧一个手机，一晚上没有声音。这个社会到底是进步了还是退化了？

记得小学时我有幸加入了一个所谓德、智、体全面发展的学生才能参加的自发的小团体，我一直为是这个组织的成员感到骄傲，但是有一次，这个组织要我们做一件我觉得有点争议的事，我觉得不太好也不想做，但是又怕得罪了这个团体，回家就想问爷爷。正好那个白发爷爷在，他听了我的担忧，摸了摸我的头说："小鬼，要违心从事讨好一个团队，那是对不起你自己；看到团队的潜在问题却不敢指出，让错误继续，那就是对不起团队；提出了，他们也不想改，你继续留着那就是纵容错误，对不起全人类。"他哈哈笑了起来，看了看爷爷，好像这话不是对我一个人说的，他马上回过眼神，严肃地对我继续："如果你明白了这些道理，你就该知道怎么做了。"我觉得很有道理，第二天，我和这个团队的组织者谈了我对那件事的不同意见，他们当然没有为我改变，我毫不犹豫地退出了这个团队。要不是白发爷爷，也许我会纠结，但是他的指引让我明白了什么是黑白分明，什么是对得起自己的良心。

R 先生

爷爷有很多才华横溢、德高望重的朋友，可惜我当时太小，没能很好吸取很多他们的精华。

在我成长过程中，最需要养分和指引的年纪，却是宝庆路3号大门渐开、鱼龙混杂最厉害的时候，记忆里奇葩的故事不少，让我敬佩和留下深刻印象的人不多，但是有一位让我至今难忘。

谁都入不了自负的B君（高大尚）的法眼，但是他却对一个人崇拜得五体投地，他就是R先生。

以我这非专业的文字描述，很难还原这个近乎完美的人物，但我还是要把他记载下来。

第一次见到他是父母的一个聚会，大家在花园聊天，R先生是那种在人群中很难不被注意到的那一个。一米八三的个头，在那个年代已是鹤立鸡群，最不同的是他挺拔的身姿和精致的打扮，在那些普遍体态发福、衣着随便的人群中似乎显得突兀了。往往这样精致的背影，会有一张不太相符让人失望的长相，这大概是所谓上帝的公平，但是等他转过身来，你完全无法把自己的目光从他脸上移开，那梳得无可挑剔的发型下，深凹的眼窝里镶嵌着一双扑朔迷离、清澈见底的淡棕色眼睛，炯炯有神，高挺的鼻梁很合比例地放在了那薄薄的性感嘴唇上方。英国绅士是许多人见到他的第一反应。但奇怪的是他从来没有承认过他是混血，但是他混血的特征真的很难隐藏。

他当时已五十多岁，虽然脸上有着明显的岁月痕迹，但是他那帅气的长相和高贵的气质，使这些岁月的纹路也成了他魅力的一部分。

虽然他的外表让人难忘，但是单凭这点，并不会成为值得我怀念的人之一，他的内在才是让人佩服的。

他的到来，引起了许多人的好奇，特别是当时那些未婚单身的女子们，不断打听R先生的来历。他的长相和得体的谈吐、绅士风度使大家都以为他是国外回来的。

很长一段时间他的来历一直是个谜，爸爸从来没有正面回答过这个问题。有一天又有许多朋友来玩，问起了R先生的事情，爸爸终于打破沉默："我知道你们都对R先生好奇，但是他从哪里来真的那么重要吗？那我说他不是'外面'回来而是'里面'出来的你们信吗？"爸爸边说边摇头，"就算信了，你们就改变对他的看法了吗？要不是R和我说他不介意我告诉大家他的故事，我也不会说，但是你们对他的好奇超出了我的想象。"

一听到R在监狱待过，许多人诧异到不相信自己的耳朵，一连问了几次，其实耐心一点，听爸爸讲完R的故事，就会觉得是理所当然的事了。

R先生出身很好，从小受到良好教育，二十多岁就有许多老外朋友，很多都是重责在身，当时他混血的长相、一口流利英文，融于那些老外朋友中，就好像是他们中的一员。

二十年冤狱没有打垮R先生的精神，他没有沉溺在自怨自怜之中，出来后还是自我修复，把最好的自己呈现给大家。二十年的牢房经历，出来居然还被一致认为是海归，那句"富人穷了不走样"在他身上得到了见证。

他出来后自己做了一些生意，凭借自身魅力，六十多岁时他找到一个志同道合的女孩，女孩明知他没钱没势，爱他爱得死去活来，但最终由于种种因素没有能在一起。

R先生做事非常有分寸。他成了我们家的好友后，经常来玩。他同样非常欣赏我母亲，但是他每次来拜访，总会尽量避免和母亲单独相处，也没有暧昧的言语。他对父亲非常尊敬，B君有时会和爸爸开玩笑，爸爸太随和，有时过分了也一笑了之，但是R先生就会及时批评B君，B君对R先生崇拜之极，所以也收敛了很多。

妈妈走后，R先生和爸爸保持着很好的关系，十年前他失去了相依为命的老母亲，非常伤心，当时爸爸还一直安慰他。我也在那时见到他，但是不知道为什么找不到他的联系方式了，不知他可还安好？希望能再见他一面。

现在多少人称自己为老克勒，宝庆路3号也曾被誉为老克勒聚集之地，但是在我眼里，R先生才是名副其实的老克勒。

S 大哥

第一次决定上三米跳台，想着要做各种姿势，然后要学着运动员压住水花，但是当走到跳台边缘准备往下跳时，脚开始变软了，哪怕是上海跳水池那个庞大的池面，看下去突然变得很小很小。我在上面双手抱着身体，心跳加快，双脚不自主地抖动，像一根杆子那样杵在原地。"不要怕，勇敢跳。"一个声音由远及近地传入我的耳朵，突然把我唤醒了。"我在下面，不要怕。"看着那张熟悉的脸，和那张开的双臂，我眼睛一闭跳了下去。那时我11岁，他二十六七岁，虽然我叫他 S 叔叔，但是在我心里他就像我一直想要的大哥哥。

他和别的来宝庆路3号的人不同，每次来，他会留一点时间给我这个被大人忽略的小孩，和我聊聊学校、功课和体育。他知道我喜欢体育，就提出教我游泳。在那个备感孤独的时期，我最期待的就是和这个大哥哥去游泳。

他是那种黝黑健康阳光型的大男孩，当然我也不否认那种期待中可能多少包含着少女懵懂的情怀，但是在他耐心的教导和一些不经意的关怀中，我无不感受到大哥哥的爱。

他是一个非常有才华的画家，他的画无不显示着他鲜明的个性和有点叛逆的风格。

S当时有一个非常漂亮的女友，但是能看出他也不例外对我母亲有着爱慕之心，要知道有风情的少妇对于年轻男人的诱惑往往比青涩女孩更强烈。他虽然没有R先生那么刻意地和母亲保持距离，但是绝不像B君那么嚣张高调。他很少会在言语上表达自己的倾慕，更多的是用自己的画释放着一个年轻男子的激情和冲动。很多当时来的画家朋友们都给妈妈画过画像，只有他的那几张被妈妈带到了美国。长大后的我再次看到那些作品，才能真正欣赏那些受丘比特万箭穿心、荷尔蒙四溢的天才作品。

不知道是他一直向往欧美的生活，还是希望躲避感情的纠结，有一天他告诉我们他决定和女友去澳洲留学了，他说他已在等签证。想到再也见不到这个大哥哥了，那天晚上我偷偷哭了，心里自私地祈祷着签证的失败。

没多久，他来到我家，说要庆祝一番，我就知道上天没有眷顾我的恳求，他如愿以偿地拿到了签证。他说他要开始整理行李，一个月后出发。他走后我把自己关在房间，郁闷了很久。

过了一个多月，我放学回家，突然又见到了S。我欣喜若狂地问他是否决定不走了，他只是说遇到点事有点延误。后来爸爸告诉我他把护照弄丢了，要重新办理会需要很长时间，而且也不能保证再拿到签证。他现在到处联系，希望找到那本护照。那一瞬间我突然觉得自己有了超能力，难道是我的祈祷感动了上天？那段日子我突然变得格外虔诚，感谢上天对我的眷顾。其实后来想想上天想拯救的不是我而是他。

那段日子，他的签证风波真的让我感受了情绪的过山车，还沉浸在庆幸之中的我不久又被浇了一头冷水：正当签证要过期之时，有个好心人把丢失的护照还给了他，S出了重金感谢了那人。

S如愿以偿去了澳洲，我万念俱灰地回到现实之中。虽然我失去了一个好哥哥，但是至少他happily after，和他的女友开始了新生活……

我多么希望故事能这样善终，但命运真的是难测。上天让他丢失护照其实是为了救他，但是他的执着最终没让他逃过等着他的厄运。

他走后不久传来了一个令人震惊的消息，我敬爱的S哥哥变成了植物人，已在医院躺了几个月。后来才知道，他们到了澳洲，S靠在街头绘画为生。有一次他到了一个地方画画，有个黑人说这是他的地盘，要收保护费，倔强的S和他争执起来，谁知那黑人二话不说拿起身边的棍子就往他头上砸去，他被送到医院后一直昏迷，变成了植物人。女友照顾了他一段时间，最终也只能放弃离开了。几年后，他含冤永远离开了这个世界。

小时候父母有很多朋友，其中只有两个我发誓长大后要找到他们，一个是B君，我要怒斥他曾经背叛我的信任，挑拨了我和母亲的关系；一个就是S，我是要感谢他在我最孤独时给过我的温暖。可惜一个也见不到。B君在美国失踪——虽然他伤害过我,但我还是希望他能平安地生活在世界某个角落;我的大哥哥S永远地离开了我们,希望天堂能多一个天才画家。

补记:

前文是我纪念小时候一位在我记忆中非常美好的大哥哥的故事。我以为再也不可能得到更多关于他的消息了,真的是冥冥之中,我父亲的一位德高望重的老师的儿子最近联系上了我,这对我非常珍贵,但是没想到他还给了我一个更大的惊喜。

不久前他收到朋友发的一个讣告,说了一位在国外照顾儿子多年的老人,最近离开了我们。在悼文中讲述了他们的故事,他觉得那个被照顾的儿子和我写的S大哥的故事非常相像,而且我用的缩写也是他名字中的一个字,唯一有一个很大的出入,他便联系了我,让我看了那篇悼文。看到那个熟悉的名字和关于他真实的故事后我泪如泉涌,不知道是该喜还是悲。

不知道是不是从小在宝庆路3号长大,和那些不在我们同一空间的生物接触久了,我产生一种超能力。爷爷生病期间我做了一个非常逼真的梦,梦到爷爷离开了我们,我哭着醒来,两周后,爷爷真的意料之外地离开了我们。另一个好友(Z)失踪,我梦到他来和我道别,我以为是找到他的预示,但可惜的是几周后警察找到的是他被谋杀的遗体。

写了那么多来客，直到9月突然特别想写S大哥，没想到的是纪念文章居然变成了悼念文章，S大哥的故事和传闻的有很大出入，原来他带着病残的身体，坚持了33年，2021年7月才离开我们。造化弄人，要是我早知道，我会飞过去看他。也许在天堂的他，想给这个一直想到他的妹妹有个结局吧。

那我就在这里还原他的故事：

就像我前面描述的，S大哥才华横溢，现在才知道他出身艺术世家，父母都是搞艺术的。难怪他年纪轻轻就在一家非常出名的出版社做艺术编辑，他设计的封面获得过全国奖项。

他出国后由于有经验，很快在一家新闻单位找到工作，非常得领导赏识。可惜一年后，他在回家路上遇到抢劫，被歹徒打到昏迷。歹徒在他兜里只发现一块手表，和一张S大哥买好准备去看太太的机票（看来他当时已和我提到的那个漂亮女友结了婚），小偷拿了手表扔了机票。半小时后S自己清醒过来回家，到了几个留学生合租的地方，又过了一段时间，决定到医院看时已贻误了最佳时机，医生从他的脑部取出一个橘子大的血块，但是手术后S大哥开始昏迷，等他醒来，医生确诊他脑部受损95%，左边手脚完全不能动，右边能动一点，但不能伸展控制，拿个笔等于一把抓，眼睛也看不清楚，吃饭、上厕所，一定要有人护理。父亲和妻子尽心照顾他。在知道这种状况会伴随S终生时，善良的父母为了年轻儿媳的幸福，劝服了S大哥的妻子和他离婚。不忘感恩，儿媳离婚后还一直去看望他们一家。

魔鬼夺走了S大哥95%大脑的功能，没想到他用着仅有5%功能的大脑指挥着自己严重伤残的身体，还能作画，虽然和他在受伤之前的画不一样，但是他的画还是能震撼我，还是能在画里看到年轻时那个不羁、倔强的S大哥。

S大哥7月离开后，照顾了他一生的老父也于9月随他而去，和10年前离开的妻子重聚了。让上帝在天堂补偿这个在世间饱受苦难的家庭吧。

S哥哥：命运对你是那么不公，但上帝使你永远活在了和你生活轨迹交集，被你才华横溢和坚强意志所感动的每个人的心里。Rest in Peace，你永远的小妹妹。

题外话

我们离开宝庆路3号的背景，大家可以上网去搜，当然许多报道也不准确，不过至少有个大概。

爸爸在争取自己利益的那几个月里，的确经历了一些磨难，但是上帝给了他一个特异功能，那就是在任何困难的情况下，他都能凭一个很空洞或不着边际的理由让自己充满信心和希望。有些人说他是生活在泡沫中的人，但是一般人当泡沫破裂时，便心灰意冷，对生活失去信心，对人失去信任。当时他周围不少人给他吹了很多泡泡，但是一次次的失望并没有减少爸爸对别人的信任，当一个泡泡消失时，他已经又进入了第二个泡泡。我想对于爸爸这样一个对社会的险恶丑陋没有任何识别能力的人来说，只有这样的心态才能让他生存下来，并且保持着非常乐观的态度。

宝庆路3号对爸爸的意义胜过这个家族的任何人，失去宝庆路3号对爸爸的打击的确是很重的。但是当他调整好心态，由他自己选择，在市中心找到了他比较满意的公寓时，他还是很开心的。他居然自己设计了房间颜色、家具，还安排了装修。

说实话从生活质量来说，还是一种提高。凡住过老洋房的人都知道，居住在这样老的房子里，蛇虫百脚、蟑螂老鼠是不可避免的，更何况是年久失修，问题不断。在公寓里，干干净净，反而比较省心。所以，他并没有在郊区破公房暗自流泪。少了些交际应酬，倒使得爸爸把时间更多投入在他的画上，他没有被病魔所击倒，在最后几年还是创作了很多作品。也就是在那段时间，他的画被美国金融大鳄吉姆·罗杰斯（Jim Rogers）所收藏，他的一幅《水乡》在慈善拍卖时也以18万元的价被买下。

我能理解许多人在不了解实情的状况下，很容易加上自己的判断和想象，但是我觉得当我们在发表帖子或发出评论时应该确保消息来源的可靠度，或者注明这是个人猜想，这样才不会把猜想、臆断当作事实传播出去，造成不良的影响或招来官司。

在网上曾看到有人把爸爸描述成一个孤单老人独自面对绝症，而他的女儿（我）继承他的一切后销声匿迹。

我也许不是那种中国典型的孝女，我经常反省自己，觉得自己许多地方没有做足、做好，但我绝非是无情无义的子女，尽管爸爸曾和我有过误会，尽管我觉得我妈妈并不很爱我，但我还是很爱他们，我不会在他们真正需要我时而离开。

爸爸从一开始查出生病到离开我们共四年，除了在他恢复期间和吃药稳定阶段，我回美国处理一些必须处理的事务，他每次开刀联系医生、找关系入院、医院陪护、安排保姆和家中琐事都是我一人解决，当时还好有我伯伯时常的陪伴，否则对中国这么复杂的医疗体制完全陌生的我在那时简直要感到绝望，而且爸爸当时的情况是险象环生，一波未平一波又起。

我居住在美国，但是当时我在上海的时间远超过美国，哪怕在不得不回去时，我也是每天和爸爸通话，基本都是以小时计算。

至于说我继承了爸爸的遗产后一走了之更是无稽之谈，在爸爸走后，我把他留下的公寓在设计师朋友的帮助下设计成画廊风格，为的就是能有一个地方展示爸爸的画，同时也给他的一些老克勒朋友有个地方可以看看他的画，听听他的音乐，跳跳舞纪念他。

我同时也一直在摸索着怎样让爸爸的画和文化传承下去，我花了很多时间把他的作品、资料作了数字化处理，甚至在朋友的帮助下，还将他曾经编辑过的音乐作了数字化，为的是能有一天让大家对爸爸的作品和文化有更进一步的了解。但是妈妈却在爸爸过世后不到一年也得重病，我不得不在美国照顾了她近一年，两年内我痛失双亲。在我失去妈妈后，还没抚平伤痛，就回到上海开始重新整理爸爸的原作及写文章，这也是我纪念他们的一种方式。现在我的工作已基本完成。

从贵族到平民

爸爸离开宝庆路3号，当时的报道最失真的就是关于他只得到一个闵行的50平方米的房子。不过这的确是他们谈判当中的一个"策略"。这个策略也的确是爸爸最终考虑妥协的一个原因，当然我也一直劝爸爸不要斗了，看到爸爸那受罪的样子实在不忍心，我告诉他，条件只要能让他舒服度过余生就可以。当时我真的怕他会有意外。爸爸对宝庆路3号的感情没人能比，他为能留在他生活了近60年的家，竭尽所能，动用了所有的人脉关系、法律途径、媒体报道。但是当有人建议他在国外媒体发表时，他拒绝了。

最终那个公司给了一个限额让爸爸自己去选一个住处，另外还给了一笔生活费用。

我觉得很后悔的是当时在选房拿钱时我没有回来帮爸爸处理，但是现在想想，当时好像爸爸也没有坚持要我回来。

爸爸一直被公认是除了画画什么都做不了的小K，但是经历了人生最大挫折后，爸爸似乎成熟了。他当时选的房子，到现在我还是很认可的。一个很早的涉外公寓，旧了些，但是位于市中心，现在更是发展成一个很有韵味的商业圈。小区不大，但是倒也没有各种阿姨妈妈的嘈杂。

　　他选择那里的最大原因是那个公寓有一个很大的客厅。这一定是他觉得能感受到一点平厅的感觉。之所以这个公寓的厅比一般的要大，其实是原先的主人把一个房间打通，变成了一个大厅，所以三房变成了两房。这个房子虽年份已久，但是当时的设计超前，主卧带卫生间，另加一个副卫生间，进门还有一个储藏室。得房率很高。虽没有朝南，但是西晒太阳让整个房间温暖敞亮。其实就居住质量来说，我觉得公寓的生活也许比宝庆路3号更好。就这样，爸爸走出了独门独户的贵族大院，走进了四处邻里的公寓平民生活。

　　从小被服侍到大，没有基本生存能力的爸爸常常被担心没法在这个社会生存，但是他的运气一直很不错，温室长大的他，很快有了能干的母亲为他解决了生活琐事，由于爸爸基本做什么败什么，因此妈妈当时连牙膏都会给他挤好。饭来张口，衣来伸手。等妈妈走了，我又被逼无奈地做了一个婆婆妈妈的管家，虽没有妈妈那么细致，但爸爸基本不需操心生活的繁琐细节。

　　妈妈走后爸爸的确有段时间不太适应，毕竟没有了24小时的照顾。但是很快，他就身临其境地体会了什么是"生命诚可贵，爱情价更高，若为自由故，两者皆可抛"这句话的经典了。

　　很多人都会问一个其实在我看来有点蠢蠢的问题："你爸爸这样一个其貌不扬的男人娶到一个貌美似花的混血美女，为

马歇尔公馆,1991年,32×44cm

什么还会不知足？"首先当我看到一对外貌极不相称的男女相爱，（除了金钱原因）我会觉得他们的爱才会更加牢靠，因为抛开肤浅的外貌吸引，他们一定有更深层次的交流和默契。况且有魅力的男人从来不是靠外表吸引有品位的女人的。

第二，如果男人找个美女就会满足，那好莱坞的离婚率就该为零，不是吗？那些可都是超级俊男美女呀。我们最终逃不过审美疲惫，婚姻的繁琐枯燥和不拘小节使两个本来相互吸引的人变成自己DNA的一部分了。上帝创造男人是为了世代繁衍，所以他们逃不了天性的欲望，艺术家对感觉的敏感度更是远远超越常人，感性的灵魂很难掌控爱情的冲击。

言归正传，父亲这辈子活得稀里糊涂，可真的没吃什么苦，遇事总能逢凶化吉，哪怕是"文革"都没有对他有太多的冲击。但是在宝庆路3号最后的那几个月，给爸爸带来的折磨和打击不是常人能想象的。从宝庆路3号出来后，在搬入新买房子之前，他有段时间是无家可归的。那么多平厅的常客，居然没有一个提出要帮助他，最后是爸爸的一个老友，自己蜗居二室，带着生病的身子接收了爸爸。只有在你一无所有的时候，才知道谁是你真正的朋友。爸爸最终搬入了他的新居，他亲自设计了所有的房间，开始了他平民生活的新篇章。

黑暗降临

了解我们家的朋友会知道宝庆路3号里的阴气很重，原始森林般的树丛、密密麻麻生长的爬山虎、阴暗潮湿的房间、躲躲闪闪行为古怪的亲戚，另外"文革"时这里曾被红卫兵占领，有些受不了严刑拷打自杀的可怜的"臭老九"们和后来被残酷谋杀的一对老人都成了宝庆路3号的冤魂野鬼。一般没有气场的人刚进来会有些忐忑不安的感觉。

记得有一次来了个客人，据说有"半仙"之称，他晚上参加我们的舞会，过后说平厅里在欢歌笑语的人群间，穿梭着许多只有"仙"才能看到的魂与魄。他告诉我们不用怕，因为它们也知道主人，不会伤害我们，还会保护我们。不管那个"半仙"说的是对是错，我只知道在宝庆路3号的60年爸爸基本没灾没难，有些磨难也很快就化解了。

"离开宝庆路3号，我是要死忒的呀。"没想到爸爸百般无奈时说的这话竟一语成谶。

前面我已提过爸爸经历几个月的折磨，终于选择接受他们的条件，他们也给了笔钱让他找了他想要的房源，但是要他马上搬走。没有人能帮助他，最后是一个自己都很困难的老朋友收留了他，两人相依为命。后来我还听说，有一家人以前经常出入宝庆路3号，也口口声声说是老友，当爸爸提出在过渡的一两个月间出钱搭伙时被断然拒绝。那段时间，单纯的爸爸看清了人性的势利和冷淡，但还是没能改变他轻信别人的性格。

买房子也是困难重重，还好最终有惊无险。看房子后合同签好，地产公司钱没有及时打入，房价突然上升，房东随时可以毁约，周围也没有人能一下子借出如此多的金额，那些平时吹嘘自己多么有钱的"大佬"们更是不见了踪影。一再催促，房产公司总算交了款，当时的房价已比买进时贵了几十万元。这点爸爸还是幸运的。

爸爸不懂装修，买房后他看看卫生间的装修还不错，就没有装修卫生间，只做了个简单装修。其实年久失修的管道已堵塞，爸爸洗盆浴还好，我后来回来洗个10分钟的淋浴需1小时，水温完全控制不住，一会儿冷一会儿热。冬天我只能打一桶热水，过起72家房客的日子。不过对于爸爸这个从来不动手的少爷，他所做的一切已超越了我的期望值。他把我的房间布置得像公主房，对于我这个习惯于灰姑娘待遇的假公主来说，我已充满感激。

一切弄好，爸爸也调整心情，和我说其实生活质量还是在公寓比较好，很是欣慰。我还是一年中回上海几个月陪他。就这样我们开开心心过了一年的舒心日子。那时的我们怎样也没想到，暴风雨已在不久的将来等着我们。

我和父母的关系一直比较密切，基本一两天就会通电话。

说实话和妈妈通电话有时的确是交差，因为如果超过三天不打电话，她已在心里煮了一锅粥，那时再怎样奉承拍马也换不回一个好脸色。和老妈交流也要非常注意，很多事不能和她开诚布公地谈，她有自己的固定概念，很难接受新事物，而且她对我一直是带着审视眼光的，好像在她眼里我永远做得不够好。记得我在美国大学上课一直拿到第一，打电话告诉她，她说一定是美国人太笨了。我刚学网球就参加3.5的高水平混双比赛，拿了冠军，告诉她，她点点头说我运气不错。我告诉她那可是14对选手的淘汰赛，光靠运气能拿冠军吗？她听了说这也不能当饭吃呀。我当时真的心里很难过，很想赌气地和她说："如果你小时候就培养我，那现在倒也可能当饭吃。"要知道我可是从小就迷恋体育的。从此有什么开心或不开心的事我都学会放在心里，和妈妈电话最安全的话题是她喜欢的事物和她讨厌的人，只要迎合她的喜恶，那这个电话圆满结束的成功率很高。

在美国我有朋友，但是深交的不多，小时候很容易交朋友，长大后发现许多事还需自己面对。遇到不顺不想太多抱怨变成祥林嫂，也不想在得意时有显摆之嫌，慢慢地学会美国式敷衍的交际。How are you？I am great，how about you？但是像我这样一个有着无数感情敏感触角，敢爱敢恨的灵魂需要一个可以信任，不带批判，能安慰我，但是又觉得不会打搅TA的朋友——他就是我爸爸。

我前面也提过，其实爸爸真的不能算是一个合格的父亲，父亲的责任并不是要和孩子成为朋友，而是能成为孩子的指路明灯。从小到大，记不起爸爸给了我多少正确的指引，我也不怪他，因为他真的也是不知道，但爸爸是世界上最好的朋友。他会耐心地倾听你的喜怒哀乐，当你难过时，他不嫌其烦百般劝说，当你分享快乐时，他手舞足蹈由衷地为你高兴。当然重大决定还是要自己把持，爸爸的建议只能做参考而已。

我和爸爸有个共同点，我们内心深处都怕孤独，所以在美国的时候我基本天天和爸爸通话。我们告诉对方一天发生的事情，可以讲几小时，任何不开心的事和爸爸说过后就会好些。去美国那么多年，我的心一直留在上海，爸爸在上海，我就有个家。每年都会回上海，待的时间少则一两个月，多则近半年，其中还回上海工作过三次。所以这就是为什么我没有变成外国乡下人的道理。

每次回来，最开心的就是拖着大包小包，还在门口就听到爸爸那兴奋的声音："回来了？快进来，快进来。"

记得2010年爸爸住进新的公寓，我回来，那可是我第一次感受住公寓的感觉，一直没有邻居的我，开始要慢慢习惯有左邻右舍的生活。爸爸兴奋地为我开门，迫不及待地带着我欣赏他设计的房间，从不做事的他把我带到我的房间，说这是他亲自挑的家具，亲自选的颜色。当时我感觉好温暖，这辈子爸爸一直是被服侍的，妈妈走后，我更像是母亲，难得让我感受了一下我这辈子很少得到的被宠爱的感觉。那种幸福感直到现在还是回味无穷。

2012年，回来之前，惯例给爸爸打了电话，他告诉我，这次我回来需要陪他去医院，他说他的肾上长了水泡，要我陪他去做个门诊手术用针筒把泡去掉。我开始有点紧张，虽然肾囊肿只是常见小病，当时对于国内的医院我始终有点恐惧，但心想反正到了联系一下熟人再说，根本不知道自己将面临怎样的血雨腥风。

虽说去除肾水泡是个小手术，但是我已开始紧张了起来，因为对于国内的医疗听到太多负面的新闻。身体一向比较健康的我真的没有去医院的经验，在美国也只是年度体检才会去。不去争论中美哪个医疗水平高，但至少美国的医院没有给我恐惧感。干净的诊室、人性化的对待、医生的和声悦气，总能舒缓很多紧张情绪。

爸爸只是要我带他去地段医院做个门诊手术，我觉得不放心，回到上海，开始张罗怎么治疗爸爸的肾囊肿。对于国内的情况一无所知的我，决定从关系入手，通过朋友找到了一个著名三甲医院的泌尿外科主任，果然他并不建议做穿刺，他说这种方式治标不治根，他建议住院做个手术，虽然恢复时间长些，但能根本上解决问题，而且他还能想办法安排紧张的医院床位。我当时一度感叹在中国只要有人脉，看来看病也不是那么难。

一切安排好后，老爸一个劲地夸我："离开国内那么久，居然回来还那么搞得定。"我也暗自庆幸在对的时间找了对的人。三甲医院的主任开这样的刀，好比是杀鸡用了牛刀。不过事关父母的身体，这也算是加了份保险。

联系好后，我们在家等通知，一周后就安排了住院。那时开始了对中国医疗系统的进一步了解。

第一天住院经历了繁琐的手续，总算把爸爸送入了病房。虽然是熟人介绍，爸爸还是被安排在了一个非常拥挤的六人病房里，但是比起那些在走道里搭床等了两周的病人，我们已是享有特权的人群了。

在美国小手术基本都是当天回家的，美国的医院，是能让你早走，绝不会让你多待一天，所有术前检查都是在开刀前门诊检查完成的。他们的术前检查也是非常精简（这倒不一定是好事）。

爸爸入住后的两天都在检查身体，不知道是否必要，这样一个小手术居然从头到脚检查了个遍。我倒是觉得也不错，因为每次催爸爸做体检他都能推则推，这次他也逃不了了。

第一天的检查基本没有问题，晚上做了全身CT，第二天，我接到电话，告诉我，他们在CT中看到一个阴影，他们需要做一个增强CT看清楚些。我的心一下子揪了起来，第一反应就是否认，那时有点害怕，但是由于没有接触过这样的事，我告诉自己，应该没事的，有阴影有很多可能，就算是肿瘤也可能是良性的。那时我还是有很多希望的，没想到从那以后的日子就是见证一个个希望破灭的过程。

对话

不知是因为到了想要静心的年龄，还是爸爸离开后我对他的浓浓思念，多动的我居然在书桌旁坐了下来，拿起了画笔，面对 Youtube 的绘画教程，开始画我第一张处女作。

爸爸要是知道我也喜欢绘画，一定会喜出望外。他虽然从小很喜欢我，但是在我身上他很少看到自己的影子。他喜欢静，我偏好动。他性格温和很有耐心，我性急暴躁。他喜好历史、文学，我喜欢数字、电子产品。他画画，我打球还打人。小时候被他逼着看世界名著，有些不喜欢的书要看上一年。他也不得不感叹这女儿一定是"基因突变"的产物。现在我才意识到我浪费的不光是很好的学习资源，还失去了一个让父亲看到自己的优良基因传承下去的机会。

突然我感觉有双温暖的手搭在我的肩膀，回头一看，泪如雨下，我一把抱住了他："爸……爸，爸……爸，我好想你，你知道你走后我有多么孤独，多少次夜深人静我拨打你的电话，总希望能奇迹般听到你那温暖的问候：宝贝，侬最近还好哦？你知道我现在也开始喜欢画画了，我用的是丙烯颜料，我还画了几幅水彩，爸爸，我想给你看看，不知你喜欢吗？爸

爸爸的老师李咏森（左一）来宝庆路3号看画展

爸爸的老师俞云阶（右四）、师弟夏葆元（左二）来宝庆路3号看画展

爸爸为恩师张充仁（右二）庆祝九十大寿

爸，爸爸……"我不断地在告诉父亲发生的一切，告诉爸爸那些没有来得及说的话，好像这样就能弥补一切的遗憾。但是爸爸那张看着我慈祥笑着的脸，却慢慢地在变得模糊。我不敢眨眼。爸爸拉起我的手说："女儿，你现在画画我很开心，但是如果你不画，我也一如既往地为有你这个女儿而自豪的。你现在写作很好，但是记住，不要让自己沉溺于痛苦的回忆当中，如果伤还没结疤，那就写些别的。我现在很好，但是你知道我一生对绘画痴迷，你可以写一些我绘画的故事，把我怎样通过绘画抒发我对生活的热爱和对老上海建筑的痴情的故事告诉大家，这样也可还我一个未完成的心愿！"

我睁开眼睛，擦干眼角的泪痕，意识到是爸爸托梦给我了。他知道我的犹豫，"黑暗降临"这一章节需要一些缓冲和穿插，这样不会让我或读者一下子有太多的负面感觉。爸爸是个开心果，他永远希望在他身边的人开开心心，哪怕是他的故事，他也希望能给予正能量。

接下去我会介绍一张画，这是一张见证了很多故事、经历了很多坎坷的画。到底是怎样的曲折？

永远的遗憾

很多艺术家在每个阶段的作品都会有不同，因为他们的作品是深受他们心情、技巧及工具的使用等影响的。爸爸就是一个典型，他的画在不同时期风格上有很大的区别。他自己最满意的一些作品，基本都在20世纪90年代，那十年他买到了自己非常喜欢的画纸。我以前认为只要是水彩纸基本都是大同小异，但从自己开始学画，就知道水彩画纸的好坏真的能决定作品最终的效果。爸爸一直想找的就是那种能体现细节，还能化得开的画纸，这样的画纸才能体现爸爸那种有松有紧的独特绘画技巧，记得他那时遇见同行就不断推荐，真的是爱不释手（可惜这个制纸的厂家后来被烧，倒闭了，爸爸再也买不到这种纸张了）。

当一个画家有着踏实的绘画基础，有了得心应手的绘画工具，那他的心情和灵感就是产生优秀作品的决定因素。妈妈离开后，爸爸得到了前所未有的自由，身边总有美女围绕，心情非常愉快。在后几年，他又遇上了一个让他动了真心的女孩。那种恋爱的感觉给了他无尽的灵感。那个阶段的画，充满了灵性的笔触和大胆的色彩。虽然我从小没有跟着爸爸学画，但是

希望有一天能找到爸爸这幅画

众多作品中,吉姆·罗杰斯对爸爸的画情有独钟

病重的父亲,和金融大鳄吉姆·罗杰斯见面

爸爸一直夸奖我的鉴赏能力。在爸爸离开我前几年，我帮着爸爸整理他的画，列出了二十几张我认为的他的精品之作，他告诉我这些作品也是他自认为最好的作品。那些作品90%出于90年代，不得不令人惊叹爱情的魔力。

爸爸当时非常喜欢佘山，不出家门的他有一次向我提出要去佘山，我便叫上朋友带着他和他的女友去了那里。爸爸本来就是童心未泯，在爱情滋润下的他到了佘山更是手舞足蹈，兴奋不已。他看到了教堂，不知是怎样的心情给了他想要写生的冲动，还好他有带着画具的习惯，他坐在那张已很陈旧的小椅子上开始安安静静地沉浸在画中了。他的女友坐在一边陪他，他画一会，然后再温柔地看看这个让他心跳会停一拍的女子。他们的甜蜜会让世界都静止，当然我这个很难静止的猴子就拖着朋友去别处玩了。不知不觉天色已晚，回到原处，爸爸已开始收拾画具，他那灿烂的笑容，似乎能照亮那已渐渐变暗的天色。我走近看了那幅画一眼，不禁惊叹作品的美艳，那哪是一幅画？那是一份糅进了柔情、激情、深情为一体的表白呀。爸爸其实一直有些不拘小节，但是对于这张画，他格外小心，好像哪怕灰尘都会沾染了这张完美的作品。回家后他便很好地保存了这张画。后来物是人非，那女孩离开了他的生活，爸爸很少把这张作品拿出来，虽然他知道这是一张非常优秀的作品。

爸爸生病后，仍然坚持画画，他从没让病魔阻碍他对绘画的执着。他还是不放弃任何机会去推广他自己的作品，有一个机会,吉姆·罗杰斯(美国著名金融家)要收藏一些中国画家的画,许多画家都被邀请参加,爸爸也是其中之一,但是当时他身体已不好,地点又在杭州,大家劝他不要去了,他不想放弃这个机会。原本我已准备好陪同他去,但是当时他身边有个人,为了他自己的利益,编了谗言,让爸爸相信由于举办人对我有妒忌之心,所以我还是不去为好。所以爸爸最后决定由那个人和阿姨陪他过去。他翻出了他所有的得意之作,包装好,开始了他的旅途。

到了杭州,许多画家各自拿着自己的作品,焦急地等着罗杰斯的出现。其实他只有很短暂的时间从那些画家中选择他的收藏,很多人也许准备很久,也只能换来一眼之缘。我能想象爸爸当时的心情。我现在真的很后悔,哪怕爸爸轻信谗言,但我应该说服他,在这样的场合,我完全应该也有能力帮助他,但是当时那大大咧咧的我完全不想去蹚这个浑水。我对于出头露面的事都是能躲则躲,而爸爸身边的那些人是能沾光就沾光。

等了很久,罗杰斯终于出现。没想到在所有画家中,他对爸爸的画情有独钟,在仅有的时间内,他在爸爸身边停留了半小时。所有的媒体都聚光在爸爸的画上,罗杰斯当场就高价收藏了爸爸四张画。爸爸回来后看上去非常疲惫,但是他那种成就感给了他支撑。他兴奋地和我分享他的成功,我真心为他高兴。晚上他睡得很晚,我听到他一个个电话告知他的好友。我在他的电话声中慢慢睡着了……

西班牙拱门建筑，1995 年，27×39cm

"啊呀，那怎么办？要命了。"早上我被爸爸的尖叫惊醒了，赶快冲出去看发生了什么。爸爸急得眼泪也流了出来。"爸爸，怎么了？怎么了？"他一边不断地翻弄带出去的画，一边说："没有了，没有了。真的要命。""什么没有了？"我也急得不知所措。爸爸那种焦急让我很不安，我不太看到爸爸为什么事能这么着急。他最后瘫倒在沙发上，消瘦的脸上布满了汗水。"我的画，我的佘山教堂没有了。为什么偏偏是这张？为什么？"我站在那里感受着父亲的绝望，我知道这张画对他有多么重要，上帝呀，为什么要让我生重病的老父，在如此开心后再承受失去心爱作品的痛苦？这可不只是一张画，这是一份他没放下的情，这是一个他想留着一辈子的念想。拖着病体，再去杭州寻找，看了视频报了警，掉了？偷了？无从得知。

爸爸由于受到罗杰斯的器重，其他画也在拍卖中拍出了很高的价格。但是再多的成就也换不回那天晚上他回来时的欢笑了。爸爸在不久后，带着这永远的遗憾离开了我们。

如任何人以后看到这张画，请让我知道，也许这也将是我永远的遗憾。

昨日再现

六年前一个冬季的雨夜，我和家人、一些好友守在爸爸病床前。医生两天前告诉我们爸爸的肾已失去了功能，应该过不了当天。两天后他们很奇怪几天没有排尿的父亲竟然还能坚持着。我心里琢磨着是否爸爸没有见到想要见的人，还是有什么没有交代完的事，但是面对重度昏迷的父亲也无从揣测他的想法。

眼看一天又将过去，大家在一旁围着窃窃私语，我坐在床边拉着爸爸的手，看着戴着氧气面罩吃力呼吸，原本骨瘦如柴但由于排不出水分现在又浑身肿胀的父亲，心痛地在他耳边轻语："爸爸，我不舍得你，如果我自私点我希望你能一直陪着我，但是我真的不舍得你再这样受苦，告诉我什么让你放不下呀。"眼泪滴在爸爸的手上，我感觉到爸爸的手指好像动了一下。

也许爸爸能听到，但是不能告诉我他想说的话。一些朋友有事不久需要离开，我加入了他们的谈话。"Aileen，你接下去有什么打算吗？"当时我其实脑子一片空白，别说对将来的打算，哪怕是对下一分钟都没有想法。正想回答不知道，突然想起爸爸住院前还在为他热爱的绘画忙碌、坚持，但是由于病重没能完成那个画展，他难过了很久，在医院期间也经常提及这

1998年，市府侨务办为爸爸个人举办大型画展《上海建筑一百二十个故事》

市领导对父亲的画给予高度评价

份遗憾。虽然知道自己并不在上海常住,也不太了解艺术行业的操作,但是当时我只知道我想把爸爸一生的努力推广下去,把他对生活美好的表现传承下去,要弥补他的遗憾,圆他的梦。"我想我会推广爸爸的画和他的老克勒文化。"我小声但坚定地回答道。虽然我并不知道自己该怎么做,但是那一刻我已有一个坚定的目标。

话音刚落,一个朋友大声叫了起来:"徐先生走了。"看着监视器上爸爸的心电图变成了一根横线,我知道原来他一直在等我说这句话,现在他可以瞑目了。

这几年,我将父亲的绘画和媒体介绍进行了电子化,开始了我不擅长的写作,但是由于各种因素包括母亲的生病和离世,进展速度不尽如人意。虽然没有专业团队的合作和所需资金的投入,但是在一些知心朋友的帮助下,我们会一步一个脚印地把爸爸的文化遗产推广下去。

知道宝庆路3号的人很多,但是我更希望大家能够了解父亲在水彩画领域的贡献和成就。

他是上海最早用水彩画笔记录从清末到浦东新区开发这一跨越百年的城市发展过程沧桑巨变的画家,一共创作了18个系列200多幅作品。其中62幅水彩画在2001年中国首次承办APEC会议时,被布置在会议大厅,时任市长徐匡迪还指定用他的老洋房主题的画作制成明信片,作为中国政府赠送给出席APEC会议官员的礼品。

他的多幅作品被金融巨鳄罗杰斯收藏。

爱戴：给爸爸办画展

回头想想，命运一次次让我的职业不断变化，除了自己的电脑专业没有触碰过，外贸、广告策划、会计、仓储、管理、房地产都有涉足。虽然每次进入一个新行业，都会有很多要学习，但是我很喜欢这种不断的挑战。不太有艺术细胞的我从没想过会涉足艺术这个行业，看来现在又被推到了这个领域。一无所知，但是总要迈出第一步。

2020年，在爸爸离开六年后我第一次为他举办了画展，由于没有任何经验，那只是一次小型的试展，我打算今后再举办大型的展出。

我一直责怪自己为什么不在爸爸在世的时候帮他推广，但是细细想来，当时爸爸身边总围着一批自称实力强大、人脉广阔的男男女女承诺这承诺那，有的还蓄意阻止了我的加入。爸爸呢，不知为什么更相信他们的承诺，也许我经常打击他的幻想，忠言逆耳吧。

爸爸一直生活在自己的精神世界中，他不懂人情世故，不会拍马献媚，很多这样的人在现实生活中会被归为异类而受孤立，但也许是爸爸热情、温顺、真实的性格和他不拘小节时不时闹出笑话的可爱行为，使他在生活中备受大家喜爱。

许多以前来宝庆路3号的高富帅们不解为何相貌平平的爸爸女人缘不断，那是他们不知道男人征服女人最终靠的不是相貌。爸爸从小在文学、艺术、音乐上的积累加上善于口头表达的能力，使他常常成为话题的中心，能说会道的嘴巴并没有减少他在需要时耐心倾听的能力，还有他给予别人的那种让人安心诉说秘密的安全感，这些不都是很多有要求的女性希望自己伴侣所能拥有的特质吗？

画展中很多感人的细节，体现了爸爸所得到的爱戴。

大家来参观画展，除了爸爸的作品，很多人被播放的音乐所吸引。这些都是爸爸喜欢的音乐，通过朋友的帮忙我们数字化了他自己编辑的100多个专辑，但由于他的专辑是各种风格的，我们需要两小时既要体现他的品位又要符合画展气氛的音乐，爸爸的老友（也是这个画展的总设计师）筛选了三百多首歌曲，再和群里的好友花了四小时进行编排，才完成了这个近乎完美、得到很多赞赏的两小时的专辑。这种友情是钱买不到的。

一位爸爸的好友在国外，看到我在为父亲办画展，他决定把收藏的几张爸爸在90年代画的作品送还给我。他非常懂画，他知道那时是爸爸绘画的巅峰时期，他发给我的几张画我从没见过，但张张是极品。我实在不好意思，但是他说："这世界上没有谁比你更有资格保存你爸爸的画了。"这是爸爸播的种子，我幸运地收获了而已。

爸爸有个世交，他就是我以前提过钢琴弹得很好，但是妈妈没让我跟他学的一个叔叔。现在他人在加拿大，知道我有了公众号，一直关注着我的文章。这次他的一个朋友来看画展，他也想看，开了视频，看到爸爸的画非常激动，告诉我爸爸曾送给他几幅画，便拿着手机给我们看了爸爸的原画。在视频中他还看到在我准备的照片回顾中有他和我父母的合影，他激动地要我传原图给他，他说是非常珍贵的照片，他要保留。他多次和我表达没有见到爸爸最后一面的遗憾。

另外值得一提的是爸爸在生产组工作过的同事们。几十年过去了，虽然大家早就没有了联系，但是他们一直关注着宝庆路3号关心着爸爸，当看到我的公众号后，都纷纷成了我的粉丝。这次画展他们结了队来参观。看着有些阿姨那么冷的天，穿着毛线裤很远赶来，我心里真是说不出的感动。其实她们中很少有人对画有太多兴趣，她们来，就是冲着一份美好的回忆和浓浓的思念。有个阿姨买了三幅高仿，让我替她选，她告诉我她不懂画，也不知道哪幅好，她只想买了纪念爸爸和支持我。还有个阿姨在外地，没有赶上周末的画展，和我联系表示太多遗憾，我在周一特留了时间让她来参观。她来了，看着爸爸的录像久久不愿离开，和我分享着爸爸当时在厂里的故事，眼神里流露太多的留恋和不舍。

还有一位爸爸的朋友，拿着保存完好的整版介绍爸爸作品的2004年的新民晚报激动地给我看，脸上流露着和我一样为爸爸自豪的神情。我看到过孩子保留着父母的成就，但是爸

2021年冬天,第一次给爸爸办画展

爸，你是怎样做到让你的朋友可以为你自豪到完整保留一张17年前的报纸？这还不是个例，短短三天，有的带来了爸爸以前出版的明信片，有的拿出了老照片，还有的在国外托朋友替自己看画展，更多的是久久站在介绍爸爸的视频前感叹万分或沉默许久。当然也有爷爷的粉丝，在二手网上淘来一本爷爷第一版的书送给了我，上面还有"革委会"的章。

我在这里替爷爷和爸爸向大家致谢，我为他们有你们这样的朋友感到幸运，遗憾的是我很希望有更多时间能一对一地和你们交流，因为我知道你们那里有很多关于爸爸的故事，那些爸爸在你们心中留下的故事，那些可能会永久遗失的故事，但是我当时没有分身术，期望以后能与你们一起坐下来喝杯咖啡，让我知道你们眼里的爸爸。

为爸爸开了一个小型家庭画展一周后，身体感觉有些疲倦，但是想到画展能得到那么多朋友的支持和认可，不禁偷偷喜乐着。

预约参观交响乐博物馆的人群中，除去那些网红打卡的，有不少是以前去过宝庆路3号、如今为了再次感受那种气氛而故地重游的，更多的是那些听说过宝庆路3号红极一时的每周举办的舞会，想实地探究一下那曾歌舞升平、使许多人醉生梦死的地方。岂不知那种令人难忘，或使人向往的感觉并不是宝庆路3号的房子所创造的。面对那装修一新的建筑，过于做作的花园，会有物是人非的感叹。

每每朋友问我失去宝庆路3号的感受，我告诉他们：宝庆路3号的魂，是刻在我骨子里、流在我血液里的东西。有了那种灵魂的地方，哪怕是平凡公寓，也可以使人流连忘返，回味无穷。这就是为什么这次画展只是在普通不过的公寓展出，很多旧朋新友参观后久久不舍得离开，有的说听着那些音乐好像让他们回到宝庆路3号的快乐年代，有的说仿佛到了纽约SOHO风格的精品画廊，还有的只是被爸爸的画深深地吸引着，这就是为什么精神的东西永远不会被物质取代，因为精神带来的喜悦感是物质所不能及的。我的目标是把宝庆路3号有过的精华带给更多的朋友去感受，这样我也尽了对老克勒文化传播的一点薄力。

那次画展圆满成功，缺不了朋友们的大力协助，有的是从小玩到大的旧闺蜜，有的是群里结交的志同道合的新群友，还有的是父亲在世时的知己。大家都是那么尽心尽力地帮助着我。设计师朋友一次次严格地监管；群里几个好友不怕麻烦帮我布展拆展，还要抽时间看场子；有闺蜜在陪我站了一天后本该休息日，一早又被我叫起来救场；还有好友特地从常熟当天来回，就是为了给我一个惊喜。更有朋友怕我们累了，在画展送咖啡，送花和食品。这三天的画展，我被艺术和爱紧紧包围着。

除了这些直接帮助我的朋友外，大家都用着自己独有的方式支持着我，支持着上海老文化的推广。有的买了很多爷爷的书，作礼品送客户，有的给我文章赞赏，上海电视台的朋友看到介绍爸爸的视频是他前辈拍的后，告诉了当时拍摄的团队，他们特地来看了画展,畅叙往事,感叹万分。

  我要感谢所有来参展的各位,是你们的支持让爸爸和爷爷的知识及艺术遗产得以推广,是你们的喜爱让我有继续下去的动力。我会朝着我的目标更加努力的。你们所有的善举让我深深地感到了爱,弥补了我失去双亲的孤独。

后记

2009年父亲离别宝庆路3号，次年病倒了，动过两次大手术后，于2014年底永远离开了我。2016年初，母亲被确诊，陪着她经历了10个月与病魔抗争的痛苦日子后我终成孤儿。椿萱俱萎，我常饮泣睡去又泪干而醒。半年后我在"宝庆路3号"公众号里写下本书首篇《我的使命》……与其说是使命所驱，不如说是觅寻到一个释放积聚了多时悲痛、思念和压抑的出口，字里行间得以再见历历往昔，与另一世界的家人重聚。

自小，我的语文一直是爷爷的心病，所以当我在写下一段段文字、一篇篇文章时，绝没想到有结集出版的一天。我深爱我家、父母和亲人，而文字是这份爱最好的载体，正因有爱的驱动，五年中不知不觉写下了十多万字的记忆片段。学工的我素不善文，只能以朴实本色的文字来表达情感，或许正是如此才打动了读者，每篇评论区里有不少鼓励。真诚，是我写作的至高要求，以后也是我坚守的原则。

记得刚一动笔，就陷入了困境，千头万绪却理不出一个线索来，提笔有千言，落笔却无语，此时幸有"赶鸭人"拨云开雾，指点迷津，方得柳暗花明……

朋友周瑞来把我介绍给著名作家薛海翔，交谈间得知薛老师与我祖父同一年加入上海作协，与家父也曾有过交往……因此种种，让我对海翔叔有份亲人般的感觉。他说很喜欢我的文章，并为其中几篇作了圈点。他的鼓励是我写作摸索黑暗期的灯塔。

也因此，遇到了我的第二个良师——文汇出版社首席编辑朱耀华。交了书稿，我忐忑的心里只有三个字：见光死。朱老师一句"稿子吸引我的"让我心跳骤然加速，"难道有这个可能？"接着他很专业地指出我的不足，把我从白日梦中拉回现实。心灰意冷地过了几天后，收到朱老师微信："你所有的文章我都看了，什么时候签出版合同？"忽闻此言，我简直无法形容自己当时的心情……梦想成真了。

责编徐曙蕾老师和审读徐海清老师，为书稿做了大量的编辑工作，认真严谨而温情，在此，我不胜感激。

因《宝庆路3号》之缘而能聆听大作家金宇澄老师、沈嘉禄老师与曹正文老师的点拨，何其幸运。

感谢闺蜜刘晨晔，五年中，我的每篇文章都由你作了细心核对和修订，不论晨昏，从不推辞。

感谢好友Stephen、汤咏梅、王烨、刘力、国明、俞倩一直以来对我的大力支持。

感谢公众号的许多读者，是你们的陪伴、鼓励、鞭策，才有了这本书。

最后，我要感谢那个在我学生时代就是家中贵客的"赶鸭人"。感谢你那么多年,像父亲一般给我的不断指引和帮助。

我希望自己可以把《宝庆路3号》继续写下去。

2022年6月6日

美童公学,1996 年

宝庆路 3 号过客的往事钩沉

星余

宝庆路 3 号,曾经的颜料大王周宗良的老宅,这扇神秘的大门,其实早就向我打开过。

因为家父徐永年写历史小说,结识了徐兴业先生并拜其为师的缘故,在 20 世纪 80 年代我们一家三口时常出入这座宅邸。童年的我,也成了本书作者一位偶尔的玩伴。

久住沪上,习惯了狭窄居住空间的我们,对这套称为上海第一的花园洋房,自然是印象深刻的。严格来说,这个地方应该叫做洋房花园,园为主,房为辅。15 路电车在那个街角下来,宝庆路 3 号占据了街角所属的整个街区。这在寸土寸金的上海,更在徐汇区前法租界霞飞路今淮海路交界口这样的黄金地段,那是难以想象的豪阔。

每至此宅,车站背后就是大门,按过门铃,总要等颇长时间,才会有其中一位主人(似乎多半是元章,从来不是兴业公本人)前来开门。并非怠慢来客,实在是从屋内走到门口需要这些时间也。穿过据说已成为工厂的门房,踏入不长而被树荫遮蔽的走道,右侧是从不对外开放的主楼,正面则是貌不惊人的副楼，也就是徐家祖孙三代的府邸了。

拜访徐先生通常在周日或假期的白天，记忆中只有一次受邀留下与主人共进晚餐。大部分时候都是和父母一起在兴业公书房聊天，如果 Aileen 有空，则会随她到那个上海独一无二，一眼望不到头的花园中玩耍。Aileen 好动而没有公主架子，所以得到这番荣幸的机会也并不算少。

因为年代久远，且当时也未曾频繁来往，所以对徐家和这所宅邸，只有一些模糊记忆了。那个花园除了大，更重要的特征是葱郁幽深。Aileen 从小便认识的各类花果佳木，我是不认识的，但整个花园和多处年久失修的洋房，透着一股浓浓的忧郁，散发出接近烂熟的没落贵族气息，令人一入此门，便难以忘怀。

那个后来常常对外开放、办了无数舞会的平厅，当时好像十分残破，也许在兴业公仙去后，元章给平厅和花园各处做过一番修缮吧，但我们从未与元章结交，也不曾做过舞会的嘉宾，后来更去国离乡，所以未曾见识过它更为光鲜的面貌。元章夫妇的生活方式不可谓不奢靡（老先生对此也颇有微词），但宝庆路3号的浪漫贵族气息，却在元章夫妇的舞会上，更在元章的绘画中，得到了淋漓尽致的发挥，这套豪宅和在这里住了最长时间的元章，也可谓各得其所、相得益彰了。

元章除了为我们开门，打一声招呼外，从不与父亲的学生访客交往。这对夫妇好像始终都关在私隐的小天地中，只接待自己的闺蜜腻友。虽然这只是我们的片面印象，但当时我们也很理解,一个人的精力时间和能够付出的关注情感是有限的,更何况在这样一个令人艳羡的城堡。但进入徐府后,却发现许多与他们之间可以共通之处。我们都是徐家和周氏的结合。当然,我父母和兴业公并非同辈,但发生在同辈间的巧合,则是我和Aileen竟在同一天出生,这倒是我父母每次回家,总要津津乐道的一件事。当与Aileen重新取得联系后问她,原来她竟不知有此事,显然出生日子的巧合,她父母并没有放在心上。这一家人虽然性情随和并不自居"贵族",但门第之差,无疑还是存在的。

兴业公是位温厚长者,有着浓浓的学者风度,但不是像木心那样光芒四射的类型,因此没有在彼时年幼的我心中,留下其他印象。只记得因为他的介绍,父亲讲述清末捻军残部流落东北抗俄的长篇小说《绿林恨》,才得以在花城出版。也因为他,父母结识了那位外号"横竖横"的先生,并了解到其之所以言辞激烈不容于世,实乃爱之深恨之切的缘故。这样的忠诚耿直,在早期的革命者中,倒也不是十分鲜见的案例。

因为横先生常来常往,因此父母在徐府,也经常得以参与关于时政的讨论,似乎男人之间,最感兴趣的话题莫过于此(当然家母也不遑多让)。今观兴业公文章中极强的理性分析能力,当年席上,诸公纵横捭阖谈古论今的精彩,也是可想而知。以横公的口才和徐公的识见,我父母作为晚辈,在他们中间,估计是聆席受教的成分居多。不过家母后来倒是做了一点贡献,80年代一个假期初到香港时,携带了一大叠杂志回沪。横先生一见，立刻全数借去，待归还时，早已是千夫染指的"残花败页"，其中想必亦经过兴业公之手。所以 Aileen 提到爷爷有觊觎外来杂志的癖好，我是可以佐证的，虽然此好与彼好，应大不同也，果大不同乎？

Aileen 母女串通一气作弄爷爷的情节，我们当时并不清楚具体，不过 Aileen 还真是爷爷口中的小魔鬼，家父也有一次拎着她耳朵教训道，"你这个小鬼，外面像天使，里面像魔鬼。"出于什么缘故我也无从知晓，但 Aileen 以网球魔女自称，对当年之淘气亦直言不讳，想必也不会不承认。兴业公对孙女的评价，自然是三分气恼七分疼爱，所以也不见得会给闻者留下多少恶感。但当时的我，对这位城堡里的公主，还是有几分敬而远之的心理。一来门第之差距，令我不自觉地会想回避攀龙附凤的嫌疑；二来 Aileen 虽无一丝公主娇气，却有几分女王霸气，这点从她后来担任全家总管，再后来在外创业当公司总裁，也可以看得出来。最近家母竟然翻出一张我们与兴业公和 Aileen 一起在花园中的合影，可见童年的 Aileen，果然人高马大，尚未发育的我，即便挺起胸膛，还是比她瘦小一圈，所以当时她指挥我，也正是后来见她指挥其弟的气势。

自家母于 80 年代末远赴澳洲后，我们似乎就与他们少了来往，以至于兴业公最后几年的经历，如何得到迟来的荣誉，如何不治而逝，孙女如何代他领奖，都是最近才从 Aileen 文章中读到。当然，一部分也是因为初中后到高中时期的我，因为学画，越来越多和恩师巨源一起出入，对家父的行迹反而不甚清楚了。虽说多数家庭的社交生活由女主人决定,一个孤身男人上别人的大院串门,也好像不如带上妻儿一同玩耍那么亲切自然,但家父在他的友朋中却是独来独往惯了,按他素来的义气和尊师重道的品性,若知兴业公有恙,应该是不会不去探望的。可惜家父已去世多年,他若在,或许还可以从他那获悉更多徐先生晚年的情形呢。

如果我留在上海,或那段时间在宝庆路3号往来多些,那么后来的我,会不会对Aileen动心呢?相信作为一名男性,面对这样一位风华绝代又性格开朗的佳人,不生起君子好逑的念头是不太可能的。但理性而言,那时的我自我中心又事业至上,一旦见到她众多的追求者(这也是很难避免的),多半还是会敬而远之放弃角逐。毕竟海上繁华之地,莺莺燕燕之事,向不乏人,在我自己的天地里,我也是王子和宠儿,何苦另攀高峰呢?虽然自然界的险峰幽谷却是我最爱探索之地,无不同乎?大不同也。

不过,倘若有合适的际遇,在情感面前,又有几人真能保持理性呢?而现实中既然无此际遇,最多也就是小说家的无限可能,假如有一天我们相逢一笑,彼此亦无多少恩仇可泯,多少往事乃至念想,也就留给茶余酒后吧。

倒是我赴澳与母团聚并取得永居后,我们母子曾代表教会去探访过一位被歹徒重伤脑部,成为植物人的华裔画家,也见到他的双亲放弃在中国的闲适晚年,全时间来南半球照顾爱子。那对老人家也是美术教授,和我们颇多共鸣,相谈甚欢。

最近才发现,原来这位既不幸又坚强的画家,就是 Aileen 文章里的 S 大哥。

所以读 Aileen 之回忆录,总有一种奇特的熟悉感,有时候好像在读自己,有时候却像在看自己的倒影。我们的性格和经历,既有相似之处,也有相反之处,尤其出国后的轨迹,更是渐行渐远,不想在 S 大哥身上,又找到了一个交汇点。

不过,在两端的中间,其实我们家与 Aileen 的姑婆芷芬及堂弟,却有着比与宝庆路 3 号和 Aileen 一家更深的交集,也有颇多故事可讲。

80 年代的朋友关系,即便有社会地位和居住条件的差距,基本还是平等来往的,所以家父家母拜访兴业公,并不会感到像是踏入大观园的刘姥姥。但我却可以坦承在宝庆路 3 号的众多访客中,自己只是一个毫不起眼的板儿。不过,回到自己地盘,我就是一个无花版的宝玉了,而在我的怡红院里,一度担起柳湘莲一角的,就是 Aileen 的那位堂弟(姑且称为 Aileen 弟)。

通过兴业公的介绍,当时刚搬入同济新村的我们,也结识了原就住在同济的兴业公的妹妹徐芷芬老师。按辈分,Aileen 该管她叫姑婆,记得那时父母对她以阿姨相称,我则叫她徐阿婆。但阿婆太难听,还是改用现在流行的,够中性也够尊重的"老师"吧。

徐老师当时似乎退休不久,虽是一位未婚的单身长者,却在家中照顾着两位亲戚,一个就是 Aileen 弟,另一个则是她的外甥女莉莉。

　　Aileen弟比我小三岁，在徐老师家临时寄养了几年，和我一样就读于新村内的四平二小。我们全家都很喜欢这个乖巧清秀的男孩。我是家中独子，虽不觉得十分寂寞，却还是从小就希望有个弟弟，可以分享一些男孩的快乐。认识了Aileen弟后，我常常一放学，就把Aileen弟带回家一起玩耍，在路上一前一后，享受一把作大哥的风光。

　　家母则和莉莉做了朋友。据说莉莉是因先天有轻微智障，才被徐老师收留的。外表虽不甚看得出来，只是有些富态，但显然她平时也没多少朋友，家母愿意与之来往，就被其欣然引为知己，隔三差五就往我们家跑。家母的一大特点就是善于聆听，也愿意同情他人的痛苦，所以她打电话的时间总是特别长，喜欢找她的人也总是特别多。至于我和父亲，则是不太有耐心和这样的人交往的。现在明白了，越是被常人忽略藐视的弱者，越需要关爱和尊重。不过说实话，就算现在我明白这些道理，真要把这样的人接到家中一同生活，也是极难做到。所以凡相识的人，没有不为此事，对徐老师敬佩万分的。

　　我们在上海的老友中，只有两位可称为侠女的人物，一位就是徐老师，另一位则是冒称亲戚认领傅雷夫妇骨灰的江小燕老师。Aileen一家有叔公和徐老师这两位人格高尚的亲戚，可以说是相当有幸，我们能成为徐老师的朋友并与之近水楼台频繁来往，也是与有荣焉。

那时徐老师虽不像莉莉那样经常走动,和我们一样好客的她,与我们互相宴请,一年还总是有几回吧。我们家只有家母一个人能做家务,但手脚并不利索,所以每逢请客,总是精致有余分量不足。多年以后,才得知座上来客中稍有微词,说徐家的菜端上桌,客人还没动筷,徐家两父子已经夹走了大半。的确,我的胃口,到现在都还是不错的。

但徐老师的家宴就不同了。即便只是请我们一家三口,都总是满满一桌,琳琅满目,色香味俱全。当我们连呼生受时,她便说自己年轻时热闹惯了,常常大宴宾客,也乐在其中,所以眼前这些,只是小菜一碟而已。

故人发小的交往玩乐,具体细节其实不容易记住,所留下的,都只是那<u>一丝丝</u>遥远的愉悦,一份份淡淡的思念。但其中若有伤害冲突或有愧于心之事,却往往一辈子都忘不掉。人道儿时的朋友就像儿时的衣服,长大后就不合身了。但我在Aileen弟这件儿时的衣服上,却留了一点尘土,总想着有机会拿起来再掸一掸。

男孩间的嬉闹都很正常,但有一次我却玩得过了火。那天把Aileen弟带回家后,心血来潮地引他做了个出格的举动,然后便借题发挥,拿起把刀对他不断威胁,吓得他哭了起来。虽然用的只是一把钝钝的餐刀,虽然我的意思只是玩笑,一边假装威胁,一边还哈哈大笑,但Aileen弟毕竟是个比我小那么多的孩子。而我见他哭后虽有暂停,一会就又重新开始逗弄,我的凶恶表情和声声怪笑,对于年幼的他,也许就像一场噩梦、一部恐怖电影吧。我不知道这件事在他心中有没有留下阴影和伤害，起码那一天，他最后是不敢逗留，一把泪一把涕地"逃出"了这个"魔窟"。

好像自此以后，Aileen弟便没有单独来我家玩过，也许是怕了我了，但也许更主要的原因，是他不久就回到了宝庆路3号自己父亲的身边。不过他应该并不算与我绝交，因为随徐老师他们一起来玩还是有的，之后还拿了我一件"宝贝"呢。

那时我迷恋变形金刚，但就和绝大多数中国的孩子一样，看得到买不着，只能眼馋。刚好母亲从一位搞设计的朋友处，弄到一大张来自日本的变形金刚彩照广告，满满的全是各款金刚的实体商品展示，狂派博派恐龙派，大的小的合体的各色俱全。这等宝物，怎能不令男孩子目眩神驰。因为盯着研究了太久，我就索性运用绘画技巧，把整张图绘制成了同样大小的钢笔画。那幅画虽只是黑白，但因为手绘的缘故，显得比原图更为精致生动。之后一晚，徐老师他们来家做客，Aileen弟一见，不出所料地对两张图都倾倒不已。我见他那么爱不释手，就说两张里给你任选一张拿去。他看了良久，最终拿走了我的钢笔画。我虽有点不舍，心里还是暗自得意，也觉得他小小年纪，眼光倒也老辣。

如果有机会见到他，除了要为那次过火道歉外，倒是要问一下此画的下落呢。当然，我的精心创作，在自己手中散失的都不计其数，这种不经意的作品，别人若是未能保存，也是丝毫不需介意的。

最后一次见到 Aileen 弟，也是在出国前最后一次拜访宝庆路 3 号，大概是在我 17 岁，那时家母已经去澳。家父那次去宝庆路 3 号的情由我已忘却，我的重点则当然在看 Aileen 弟。那是上海人通过拷贝了无数次，充满沧桑感的录像画面吞咽洋片港片的时代，我们在他们家楼上楼梯旁一个小厅中，找了盘录像看了起来。《柴可夫斯基传》当然是我的菜，但才看了个开头，Aileen 便冲了进来，用我们都已习惯的大姐口吻正色道：这片子你们不能看。我们问为什么，她说爸爸说那是 18 岁以上才能看的。我心想虽然我离十八还差一岁，但那时候的上海中学生，别说成年级，就连成色级的都可能已看了不少，你这个姐还管得够宽的呀。但再一想：毕竟她堂弟还是太小，长辈的谨慎也是对的。不过，还是有点纳闷：一个音乐家的传记片，能有什么少儿不宜的呢？后来才知道柴氏的性取向和死因，如果当时真看完了的话，之前对宝玉湘莲的比喻会浮想联翩的读者，此时估计会以为找到什么证据了。但其实作为标准直男的我，顶多觉得恶心，并不会留下其他影响的。

录像被掐后，我们哥俩好像是悻悻地到园里走了一回。此后，便再也没见过 Aileen 弟和宝庆路 3 号的任何故人了。

但在我 1995 年第一次回国之际，却又见到了徐老师和莉莉。那时我们同济的房子还在，所以我回去便以同济为基地，每天日程排得满满。那次探亲访友之旅收获颇丰，但其中最令我快慰的时刻，竟然意想不到地来自和徐老师的会面。

那日中午，我回到同济，如约在徐老师家午餐。见徐老师一点没变，精神似乎比过去更矍铄；莉莉也没变，只是头上略多了些白发。得知我信主后，徐老师很兴奋地告诉我，她在1994年一次骨折后也信主了，之后便每日勤读圣经，还常常自弹赞美诗歌。我不记得过去她家里有没有钢琴，但这回是有的。我告诉她我也在诗班事奉，她说你从小就能唱歌，现在被神所用，正好，要不我们现在就来几首，你唱我弹。我说太好了。于是我们一老一少，在琴音圣乐中，度过了一个美好的午后。莉莉虽不怎么能唱，但也坐在一旁，眯着双眼，在我们的乐声中，怡然自得，浑然忘我呢。

那趟回国的众多饭局，现在已基本忘光，但这次家常便饭后的圣乐会，却在我心中留下了美好而经久不散的回忆。

第二天晚上便要上飞机了，记得下午离开同济时，徐老师和莉莉还再次来为我送别。临行前，我的初中班主任也在场，刚好她是个信心在崩溃边缘的基督徒，于是在徐老师的提议下，我就再唱了一首《最大的财富》送给她们，唱完后班主任说这首歌对她有很大的鼓励。那是我最后一次见到她们了。

据 Aileen 说，芷芬姑婆和莉莉阿姨，如今俱已故去了。但我相信有一天还会和徐老师在天上重逢，再奏金琴，再颂圣歌，而且是地上从未听闻的，属于新天新地的新歌。

所以 Aileen 对宝庆路3号物业的洒脱态度，我是深为赞同的。人间的繁华财富，关系情感，哪样能真正守得住呢？纵然你拥有宝庆路3号那样的资产，最后的归宿还不是西宝兴路

(上海人都懂的)？

不过话说回来，要放下还真没那么容易。就像我，不还是至今仍然痴迷变形金刚吗？

2022 年 1 月 17 日

白茫茫一片,好干净

图书在版编目（CIP）数据

宝庆路3号/徐霭龄著.——上海：文汇出版社，2022.8
ISBN 978-7-5496-3755-3

Ⅰ.①宝… Ⅱ.①徐… Ⅲ.①随笔－作品集－中国－当代
Ⅳ.I267.1

中国版本图书馆CIP数据核字（2022）第100086号

宝庆路3号

著　　者　徐霭龄
水 彩 画　徐元章
策　　划　朱耀华
责任编辑　徐曙蕾
装帧设计　张志全

出版发行　文汇出版社
　　　　　上海市威海路755号
　　　　　（邮政编码200041）

照排　南京理工出版信息技术有限公司
印刷装订　上海颛辉印刷厂有限公司
版次　2022年8月第1版
印次　2023年3月第2次印刷
开本　640×960　1/16
字数　120千（照片55张）
印张　19（插页12）
印数　3001-5000

ISBN 978-7-5496-3755-3
定价　49.00元